초등학생이라면 이것만은 꼭!

초등
속담백과

글 **이규희** ㅣ 그림 **이예휘**

삼성출판사

머리말

**어린 시절, 할머니는 무슨 말씀을 하실 때마다
속담을 입에 달고 사셨어요.**

"아니, 가난한 집 제사 돌아오듯 이번 달에는 뭔 일이 이리 많은겨."
"걱정 마라. 산 사람 입에 거미줄 치겠느냐?"
"아, 호미가 어디로 갔담. 개똥도 약에 쓰려면 없다더니……."
"호랑이도 제 말하면 온다더니, 저기 작은 아범 온다!"
그럴 때면 나는 학교 문턱에도 안 가 본 우리 할머니가 어쩜 저렇게 유식할까 하고 속으
로 놀라곤 했어요. '속담'은 아주 오랜 옛날부터 입에서 입으로 전해져 온 말이에요. 사람
들이 살아가면서 경험을 통해 깨달은 지혜와 진리, 교훈, 용기, 위로, 웃음 등이 가득
담긴 말이지요. 그래서 옛 어른들은 아이들을 가르칠 때도 속담을 참 많이 인용했어요.
생각하지도 못한 짓을 벌인 아이를 야단칠 때는 "얌전한 고양이 부뚜막에 먼저 올라간다
더니……." 라며 혀를 끌끌 찼어요. 남의 물건을 훔치는 아이에겐 "바늘 도둑이 소도둑
된다."라고 타일러 줬어요. 게으름 피우는 아이에겐 "부뚜막의 소금도 집어넣어야 짜다."
라고 말했고요. 이처럼 속담 속에는 우리가 살아가는 데 꼭 필요한 진리가 들어 있어요.

그래서 속담을 알면 살아가는 데 도움 될 때가 많아요. 생각 없이 함부로 말을 하다가도 "말이 씨가 된다.", "발 없는 말이 천 리 간다."라는 속담을 떠올리며 입을 꾹 다물게 되고요. 어려운 집안 형편 때문에 마음이 슬플 때는 "쥐구멍에도 볕 들 날이 있다."를 떠올리면 위로가 되지요. 그뿐만이 아니에요. 속담을 알면 친구들과 이야기할 때나 글을 쓸 때, 학교에서 발표할 때도 많은 도움이 된답니다. 속담 속에 숨어 있는 다양한 표현과 비유, 재치 있는 발상을 통해 나만의 빛나는 상상력과 창의력을 발휘할 수 있거든요. 그래서 속담은 아주 오랜 옛날부터 내려오는 지혜가 가득 담긴 보물 창고랍니다. 여러분이 만약 속담을 백 개, 천 개 자유롭게 말하고 쓸 수 있다면 그건 보석을 백 개, 천 개 가진 것과 마찬가지예요. 어때요? 지금부터 보물 창고에 값진 보석을 가득 채워 보지 않겠어요?

2025년 11월
이규희

목차

ㄱ

001 가는 날이 장날
002 가는 말이 고와야 오는 말이 곱다
003 가랑비에 옷 젖는 줄 모른다
004 가을에는 부지깽이도 덤빈다
005 가재는 게 편
006 가지 많은 나무에 바람 잘 날이 없다
007 감기 고뿔도 남을 안 준다
008 같은 값이면 다홍치마
009 개같이 벌어서 정승같이 산다
010 개똥도 약에 쓰려면 없다
011 개밥에 도토리
012 개천에서 용 난다
013 겉 다르고 속 다르다
014 고래 싸움에 새우 등 터진다
015 고생 끝에 낙이 온다
016 고슴도치도 제 새끼가 제일 곱다고 한다
017 고양이 목에 방울 달기
018 공든 탑이 무너지랴
019 광에서 인심 난다
020 구더기 무서워 장 못 담글까

021 구슬이 서 말이라도 꿰어야 보배
022 귀에 걸면 귀걸이 코에 걸면 코걸이
023 금강산도 식후경
024 까마귀 날자 배 떨어진다
025 꿩 먹고 알 먹는다

ㄴ

026 남의 손의 떡은 더 커 보인다
027 남의 제사에 감 놓아라 배 놓아라 한다
028 낫 놓고 기역자도 모른다
029 내 코가 석 자
030 냉수 먹고 이 쑤시기
031 누워서 침 뱉기

ㄷ

032 다 된 죽에 코 빠졌다
033 달도 차면 기운다
034 달면 삼키고 쓰면 뱉는다
035 닭 잡아먹고 오리 발 내놓기
036 닭 쫓던 개 지붕 쳐다보듯

037 돌다리도 두들겨 보고 건너라

038 되로 주고 말로 받는다

039 될성부른 나무는 떡잎부터 알아본다

040 등잔 밑이 어둡다

041 뛰어야 벼룩

ㅁ

042 마파람에 게 눈 감추듯

043 말이 씨가 된다

044 메뚜기도 유월이 한철이다

045 모르면 약이요, 아는 게 병

046 목구멍이 포도청

047 목마른 놈이 우물 판다

048 못 먹는 감 찔러나 본다

049 못된 송아지 엉덩이에 뿔이 난다

050 미운 아이 떡 하나 더 준다

051 믿는 도끼에 발등 찍힌다

052 밑 빠진 독에 물 붓기

ㅂ

053 바늘 가는 데 실 간다

054 바늘 도둑이 소도둑 된다

055 바늘로 찔러도 피 한 방울 안 난다

056 바늘방석에 앉은 것 같다

057 발 없는 말이 천 리 간다

058 방귀 뀐 놈이 성낸다

059 백지장도 맞들면 낫다

060 벼 이삭은 익을수록 고개를 숙인다

061 변덕이 죽 끓듯 한다

062 보고 못 먹는 것은 그림의 떡

063 불난 집에 부채질한다

064 뿌린 대로 거둔다

ㅅ

065 사공이 많으면 배가 산으로 간다

066 생일날 잘 먹으려고 이레를 굶는다

067 세 살 버릇이 여든까지 간다

068 소 잃고 외양간 고친다

069 쇠귀에 경 읽기

070 쇠뿔도 단김에 빼라

071 숭어가 뛰니까 망둥이도 뛴다

072 식은 죽 먹기

ㅇ

073 아니 땐 굴뚝에 연기 날까

074 아이 보는 데는 찬물도 못 먹는다

075 앓던 이가 빠진 것 같다

076 얌전한 고양이 부뚜막에 먼저 올라간다

077 어물전 망신은 꼴뚜기가 시킨다

078 언 발에 오줌 누기

079 엎어지면 코 닿을 데

080 오르지 못할 나무는 쳐다보지도 마라

081 우물 안 개구리

082 우물에 가 숭늉 찾는다

083 우물을 파도 한 우물을 파라

084 원님 덕에 나팔 분다

085 입이 열 개라도 할 말이 없다

ㅈ

086 자다가 봉창 두드린다

087 재주는 곰이 넘고 돈은 주인이 받는다

088 쥐구멍에도 볕 들 날이 있다

089 지렁이도 밟으면 꿈틀한다

090 짚신도 제짝이 있다

ㅊ

091 참새가 방앗간을 그저 지나랴

092 천 길 물속은 알아도 한 길 사람 속은 모른다

093 천 리 길도 한 걸음부터

ㅋ

094 콩 심은 데 콩 나고 팥 심은 데 팥 난다

ㅌ

095 티끌 모아 태산

ㅍ

096 평안 감사도 저 싫으면 그만이다

ㅎ

097 하룻강아지 범 무서운 줄 모른다

098 호랑이에게 물려 가도 정신만 차리면 산다

099 호미로 막을 것을 가래로 막는다

100 황소 뒷걸음치다가 쥐 잡는다

001 가는 날이 장날

엄마, 아빠랑 백화점이나 대형 마트에 가면 정말 신나지요?
멋진 옷이나 신발, 장난감, 맛있는 음식이 가득하니까요.

옛날에는 물건을 사고팔려면 마을마다 5일에 한 번 혹은 열흘에 한 번 열리는 장에 가야만 했어요. 집에서 기른 채소며 곡식, 떡을 머리에 이고 지고 말이에요.

어느 날, 순이는 윗마을 사는 사촌 언니를 만나러 먼 길을 나섰어요. 그런데 이런!

마침 윗마을이 장날이라 언니가 장에 갔다는 거예요.

"이런! 가는 날이 장날이라더니"

이렇게 마음 먹은 일이 뜻밖의 사건으로 잘 이뤄지지 않을 때 이 말을 쓴답니다.

하지만 그 반대의 경우도 있어요.

인기가 많아 매번 떡이 다 팔리고 없던 떡집에 딱 하나 남은 떡을 운좋게 구매했을 때도 "가는 날이 장날이네"라고 쓸 수 있어요.

엄마가 피자를 사 주신다며 피자 가게에 전화를 했는데, 하필 쉬는 날이에요.
바로 이럴 때 쓰면 되겠죠?

가는 말이 고와야 오는 말이 곱다

"아휴, 너는 왜 이렇게 못생겼니?"

누가 나에게 이런 말을 하면 기분이 어떨까요?

기분이 매우 상하고, "치, 너는 얼마나 잘나서!"라며 톡 쏘아붙이겠지요?

하지만 반대로 누가 나에게 "우아, 너 정말 멋지다!"라고 하면 어떨까요?

입가에 슬며시 미소가 생기며 나도 상대방을 칭찬할 거예요. 물론 단짝 친구가 되어 사이좋게 놀 거고요.

이처럼 우리가 쓰는 말은 메아리와 똑같아요.

내가 누군가에게 듣기 좋은 말, 칭찬하는 말, 존중하는 말을 하면 상대방도 나에게 똑같이 해 주니까요.

감사해요

훌륭해요   사랑해요

멋지네요

최고네요   고ㄷ

반대로 내가 누군가에게 듣기 거북한 말, 무시하
는 말, 화를 돋우는 말을 하면 상대방 역시 그
런 말을 할지도 몰라요.
그러니 내가 먼저 곱고 듣기 좋은
말을 해야겠지요?

✔ "가는 떡이 커야 오는 떡이 크다."와 같고,
"말 한마디에 천 냥 빚도 갚는다."와 비슷
해요.

힘내세요

고마워요

파이팅

003 가랑비에 옷 젖는 줄 모른다

한 아이가 놀이터에서 신나게 놀고 있는데 비가 살살 흩뿌려요.
아주 가느다란 가랑비예요.
"이까짓 비쯤이야, 뭐."
아이는 대수롭지 않게 여기며 계속 놀았어요. 미끄럼틀도 타고, 그네도 타고요.
그런데 한참을 놀다 보니 이게 웬일이에요? 새로 산 가방과 옷이 흠뻑 젖고 말
았어요.
"큰일 났다!"
아이는 허둥지둥 집으로 달려갔어요.
엄마한테 혼나면 어쩌나 가슴을 졸
이면서 말이에요.
그래요, 가랑비는 이렇게 가랑가
랑 소리도 없이 내려요. 하지만 이
런 가랑비도 자꾸 맞다 보면 어느
새 옷이 흠뻑 젖지요.
숙제하는 것도 잊고 컴퓨터 게임을
조금만 조금만 하다가 시간이
다 흘러 버린 것과 똑같아요.

1000원, 2000원 얼마 안 되는 군것질을 하다 보니 어느새 용돈을 다 써 버린 것도 마찬가지고요.
이처럼 사소한 일도 꾸준히 거듭되다 보면 무시하지 못할 정도로 큰일이 될 수 있다는 뜻이에요.

✔ "신선놀음에 도낏자루 썩는 줄 모른다."와 비슷해요.

004 가을에는 부지깽이도 덤빈다

추수 때가 되면 농촌은 눈코 뜰 새 없이 바빠요.

벼도 베야 하고, 콩이며 팥, 수수도 거둬들여야 하고, 고추도 따야 하고, 참깨와 들깨도 털어야 하고, 배추도 뽑아야 하고…….

이렇게 가을에 익은 곡식을 거두어들이는 걸 가을걷이라고 해요. 이때가 되면 매우 바쁘고 일은 해도 해도 끝이 없지요. 만약 가을걷이를 하지 않고 서리가 내릴 때까지 내버려 두면 한 해동안 애써 지은 농사를 망치고 말거든요.

그러니 이 집 저 집 아이들까지 모두 나서서 고사리 같은 손으로 일을 거든답니다.

오죽하면 "가을에는 부지깽이(아궁이에 불을 땔 때 필요한 가느스름한 막대기)도 덤빈다."라는 말을 했을까요?

가을에는 아궁이 앞에 세워 둔 부지깽이처럼 쓸모없는 것까지 나서야 할 만큼 아주 바쁘다는 뜻이지요.

> ✅ "가을에는 대부인 마누라도 나무 신짝 가지고 나온다."와 비슷해요. 높은 안방마님조차 도와야 할 만큼 일이 바쁘다는 뜻이에요.

야, 어딜 가?

OO5 가재는 게 편

가재랑 게는 생김새가 아주 비슷해요.

집게발이며 등딱지가 딱딱한 것도 비슷하고요.

심지어 기어가는 모습도 비슷해요. 그래서 사람들은 그 모습을 보고

"가재는 게 편이다."라고 말했어요.

비슷비슷한 사람들끼리 서로 편을 들며 친하게 지낸다는 뜻이지요.

가끔 나와 비슷한 취미나 습관을 가진 친구를 만나면 정말 반갑지요?

로블록스를 즐기는 아이끼리 친구가 되고, 반려동물을 키우는

아이끼리 친구가 되고, 아이돌을 좋아하는 아이끼리

친구가 되고⋯⋯.

사람들은 이처럼 비슷한 사람들끼리 좋아하고 모이게

마련이랍니다. 유명한 배우나 아이돌의 팬클럽이 많이 생기고

활발한 것만 봐도 알 수 있지요.

✅ '유유상종(類類相從)'이란 사자성어와 비슷해요. 같은 무리끼리 사귄다는 뜻이에요.

➕ 사실 친구들 사이에서는 '끼리끼리'보다는 '두루두루'가 더 좋아요.

006 가지 많은 나무에 바람 잘 날이 없다

태풍이 몰려오면 바람이 무섭게 휘몰아쳐요.
금방이라도 창문을 깨뜨릴 듯, 나무들을 쓰러뜨릴 듯 사납게 불지요.
마치 무서운 짐승이 우는 듯 윙윙 소리를 내면서요.
이럴 때 가지가 적은 나무는 덜 흔들리는 데, 가지가 많은 나무는 금방이라도
쓰러질 듯 이리저리 휘청휘청거려요.
옛사람들은 이런 모습을 부모님 마음에 빗대어
"가지 많은 나무에 바람 잘 날이 없다."라고
표현했어요.
'나무'는 부모님이고, '가지'는 자식
들이에요. 그러니까 자식을 많이
둔 부모님은 자식 걱정에 하루도
마음 편할 날이 없다는 뜻이지요.

18

'큰애는 오늘 수학 시험을 잘 봤을까?'
'막내는 유치원에서 아이들과 사이좋게 놀고 있을까?'
부모님의 걱정은 이렇듯 한도 끝도 없어요.
비가 주룩주룩 내리는 날이면 아이스크림 장사를 하는 큰아들 걱정, 해가 쨍쨍
내리쬐는 날이면 우산 장사를 하는 둘째 아들 걱정하는 것처럼 말이에요.
그런데도 자식들은 부모님 마음도 모르고 늘 바짝바짝 애만 태우니 큰일이지요.

➕ 오늘은 꼭 잊지 말고 "엄마, 아빠 사랑해요."라고 말해 보세요.

007 감기 고뿔도 남을 안 준다

'고뿔'은 감기의 옛말이에요.
지독한 감기에 걸리면 코에 불이 난 것처럼 코가 얼얼하고 열이 나지요. 그래서
처음엔 '콧불'이라고 불렀는데, 차츰 고뿔이 된 거예요.

그런데 누구나 다 싫어하는 이 지독한 감기조차 남에게 주기 아까워하는 구두쇠가 있어요. 그야말로 인색하기 짝이 없는 사람이지요. 전래 동화에 나오는 자린고비가 울고 갈 정도지요.

자기가 쓰는 돈도 아까워서 벌벌 떨거나, 반대로 자기가 필요한 건 덥석덥석 잘 사면서도 남을 위해 쓰는 돈은 아까워서 벌벌 떨지요.

"저런, 감기 고뿔도 남 안 줄 녀석 같으니라고!"

줘도 안 가질 감기조차 남에게 주는 걸 아까워 하는, 사람들이 혀를 내두를 만큼 지독한 구두쇠를 이르는 말이지요.

➕ 멋진 자린고비는 아끼고 아낀 돈을 남을 위해 쓰는 사람이에요.

008 같은 값이면 다홍치마

'다홍치마'는 짙고 산뜻한 붉은색 치마를 말해요.

'홍치마'라고도 하지요.

옛날에는 결혼하지 않은 여자는 노랑 저고리에 다홍치마를 입었고, 결혼한 젊은 여자는 연두색 회장저고리에 다홍치마를 입었어요.

빛깔이 매우 고와서 그걸 입으면 인물이 한결 돋보이거든요.

그래서 누구든 같은 값이면 다홍치마를 입으려고 했답니다.

"저기, 길 건너 편의점에서는 이 가격에 하나 더 준대!"

학교 앞 편의점에서 과자를 사려는데 친구가 이렇게 말하면 어떻게 하겠어요?

"정말? 같은 값이면 다홍치마라고, 그리로 가야지!" 하며 얼른 길 건너 편의점으로 달려가겠지요?

이처럼 "같은 값이면 다홍치마"라는 말은 같은 값이면 품질이 더 좋거나 보기에 좋은 것, 혹은 만족도가 더 높은 것을 고른다는 뜻이에요.

009 개같이 벌어서 정승같이 산다

가끔 신문이나 텔레비전 방송을 보면 가슴 뭉클한 기사를 읽을 때가 있어요.

평생 폐지를 주워 온 아저씨가 수해를 당한 사람들에게 큰돈을 내놓고, 떡장수 할머니가 가난한 학생들을 위해 전 재산을 내놓았다는 뉴스를 들을 때랍니다.

그야말로 힘들여 일해서 한 푼, 두 푼 모은 돈을 남을 위해 선뜻 내놓은 거예요. 그런 분들을 일컬어 개같이 벌어 정승같이 썼다고 말해요.

'정승'은 과거의 아주 높은 벼슬로, 지금으로 치면 장관을 뜻하는 말이에요. 나라의 중요한 일을 맡아보던 영의정, 좌의정, 우의정, 이 세 벼슬을 삼정승이라고 하고요. 임금이 나랏일을 의논할 때 제일 먼저 찾는 중요한 사람들이지요.

그래서 비록 힘든 일, 궂은일, 고된 일을 해서 번 돈이지만 뜻있게 쓰는 걸 "개같이 벌어서 정승같이 산다."라고 말한답니다.

➕ 돈은 어떻게 버느냐보다 어떻게 쓰느냐가 더욱 중요해요.

010 개똥도 약에 쓰려면 없다

요즘은 강아지나 고양이 등 반려동물과 함께 지내는 사람이 많아요.
아끼고 사랑하는 대상을 반려라고 하는데 강아지나 고양이를 가족처럼 여기게
되면서 애완동물 대신 반려동물이라는 표현을 사용하는 거지요.
하지만 옛날에는 대부분 '똥개'라고 부르며 지금처럼 신경써서 키우지 않았어
요. 똥개는 집 밖을 마음대로 돌아다니며 아무 데서나 마구 똥을 싸곤 했어요.
그래서 길에 흔하디 흔한 게 바로 개똥이었어요.
자칫 길을 걷다가 그만 개똥을 밟는 일도 흔했지요. 그런데 이처럼 평소에 흔하
디 흔한 개똥도 막상 구하려면 없다니 정말 우습지요?

사실 살아가면서 이런 황당한 때가
참 많아요.
"어, 내 지우개 어디 갔지?"
"앗, 물티슈가 여기 있었는데?"
평소에 여기저기 널려 있던 것도 막상
쓰려고 찾으면 어디 가고 없는 거예요.
이럴 때 "개똥도 약에 쓰려면 없다."라는 말이 딱 어울린답니다.

✅ "까마귀 똥도 약이라니까 물에 깔긴다."와 같아요.
까마귀 똥이 약이라기에 찾으려 했더니 강이나 개천에 똥을 싼다는 의미지요.

011 개밥에 도토리

집에서 키우는 반려동물은 대부분 사료를 먹어요.

동물들은 사람과 달라 사람이 먹는 음식을 먹으면 몸에 해롭기 때문이지요. 하지만 오래 전에는 사람들이 먹다 남은 밥이나 반찬을 개밥 그릇에 담아 주었어요. 특별한 날은 커다란 뼈다귀를 얻어다 푹푹 끓여 주기도 했고요.

그런데 만약 개밥 속에 도토리가 들어 있다면 어떨까요?

도토리는 딱딱하고 맛도 없어서 개가 밥을 먹는 동안 혀로 도토리를 옆으로 밀어낸답니다.

밥을 다 먹은 후에 보면 개밥 그릇에 달랑 도토리만 남겨져 있어요.

그런 모습을 보고 "개밥에 도토리"라는 말이 생겼어요.

여러 사람이 모여 있는데 그 무리에 끼지 못하고 혼자 있는 사람, 따돌림 받는 사람을 일컫는 말이에요. 학교에서 친구 한 명을 따돌리며 '왕따'시키는 것과 똑같지요.

만약 내가 '개밥에 도토리' 같은 처지라면 어떨까요?

아마 너무 속상해서 울고 싶을 거예요.

이렇게 따돌림을 당하는 사람이 있으면 모두가 상처받고 행복한 학교생활을 할 수 없어요. 서로를 존중하고 함께 어울릴 때 진짜 즐거움이 찾아온답니다.

➕ 교실에 외로이 혼자 앉아 있는 친구에게 내가 먼저 다가가 손 내밀어 보는 건 어떨까요?

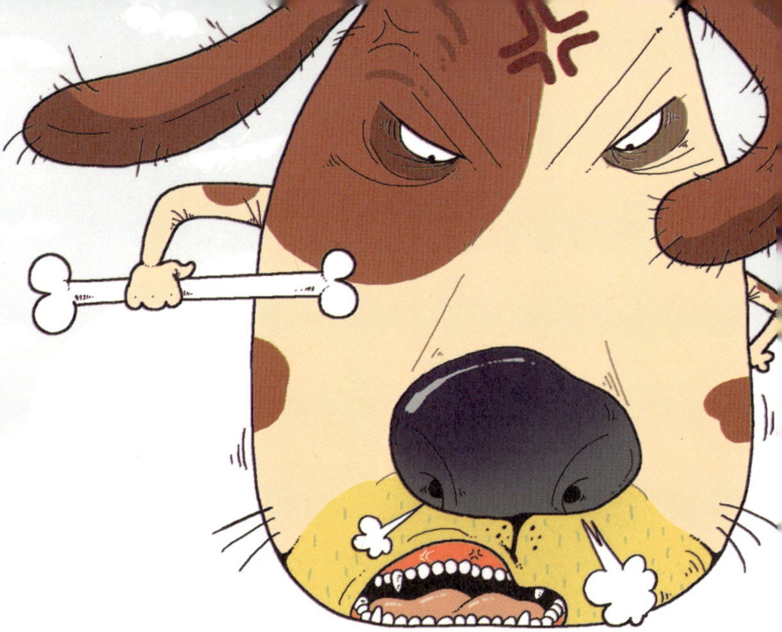

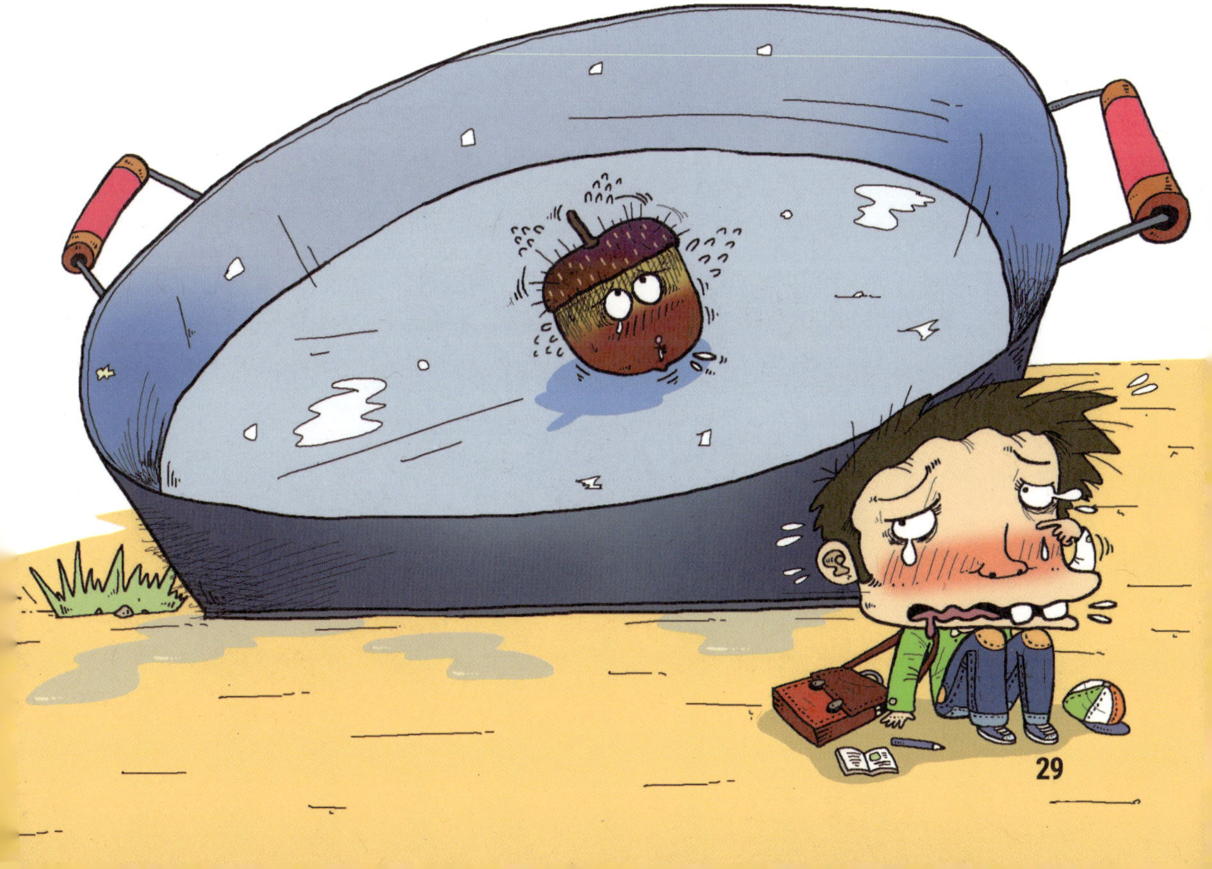

012 개천에서 용 난다

산자락을 끼고 작은 집들이 다닥다닥 붙어 있어요.

형편이 여유롭지 않은 사람들이 옹기종기 모여 사는 달동네예요. 그 동네에 한 여자아이가 살았어요. 아이는 날마다 산에 올라가 노래를 불렀지요.

그러던 어느 날, 아주 기쁜 일이 일어났어요.

그 아이가 텔레비전 방송국에서 열린 노래 자랑 대회에 나가 1등을 한 거예요.

그뿐 아니라 비행기를 타고 멀리 성악의 본고장인 이탈리아로 날아가 그곳에서 열린 콩쿠르에서도 당당히 1등을 했어요.

"정말 장하다, 장해!"

"개천에서 용 난 거야!"

사람들은 자기 일처럼 기뻐하며 눈물을 흘렸어요.

이처럼 "개천에서 용 난다."라는 말은 조그만 개천에서 뜻밖의 용이 나온 것처럼 어려운 환경 속에서 훌륭한 사람이 난 것을 일컬을 때 써요.

✔ "개똥밭에 인물 난다."와 같아요.

➕ 사람 일은 먼 미래에 어찌 될지 모르는 거예요. 그러니 아무리 힘든 상황이어도 꿈을 가져야 해요.

31

013   겉 다르고 속 다르다

만나기만 하면 다른 친구의 험담을 늘어놓는 친구가 있어요.

"쟤는 너무 지저분해. 코딱지도 파던걸?"

그러다가도 막상 그 친구를 만나면 언제 그랬냐는 듯 이렇게 말해요.

"너는 진짜 성격이 털털하구나. 그래서 나는 네가 좋아."

지저분하다고 흉볼 땐 언제고 마구 칭찬을 늘어놓는 거예요.

여전히 속으로는 빈정대면서 말이지요.

이런 사람을 보고 "겉 다르고 속 다르다."라고 말해요.

마치 겉은 번드르르하고 멀쩡한데 속에는 썩은 사과가 잔뜩 들어 있는 사과 상자와 같아요.

누군가를 속으로는 미워하면서도 겉으로만 좋아하는 척하는 사람도 마찬가지고요. 이처럼 겉으로는 말이나 행동을 번지르르하게 하면서, 속으로는 못된 생각을 품고 있는 사람들이 있답니다.

이렇게 늘 '척'하며 사는 사람은 진짜 자기 속마음을 좀처럼 보여 주지 않지요.

✓ "겉 보기와 안 보기가 다르다."와 같아요.

➕ 사람은 겉과 속이 똑같아야 해요. 그래야 다른 사람도 나를 진심으로 대해 주거든요.

014 고래 싸움에 새우 등 터진다

깊은 바다에서 커다란 고래끼리 싸움이 붙었어요.

큰 덩치를 이리저리 뒤척이며 마구 물보라를 일으켜요.

그럴 때 우연히 그 옆을 지나던 새우 한 마리가 고래에 부딪혀 등이 터지고 말았어요. 정말 억세게도 재수 없는 새우지요?

이처럼 크고 강한 고래 싸움에 작고 연약한 새우가 피해를 보는 일은 일상생활에서도 볼 수 있어요.

어느 재래시장 앞에 커다란 마트가 생겼어요.

그러더니 얼마 후에 으리으리한 백화점까지 생긴 거예요.

마트는 여러 물건을 산더미같이 쌓아 놓고, 저렴한 가격에 팔았어요.

백화점에선 고급 물건들을 아주 멋지게 진열해 놓고 팔았고요.

34

마트는 점점 더 싼 가격으로, 백화점은 더 좋은 품질의 물건으로 사람들의 관심을 끌기 위해 경쟁했어요.

　　사람들은 하나둘 재래시장을 떠나 마트로, 백화점으로 몰려갔어요.

　　"이거야 원, 고래 싸움에 새우 등 터진다더니!"

　　시장 상인들은 날마다 울상을 지을 수밖에 없었어요.

> ➕ '고래' 싸움에서 '새우'들이 살아남으려면 열 배, 스무 배 더 힘이 드니까, 점점 '새우'가 있을 자리가 없어진답니다.

O15 고생 끝에 낙이 온다

힘들게 고생해 자기 분야에서 크게 성공한 사람을
우리 주변에서 가끔 만날 수 있어요.
모두 혹독한 연습과 꾸준한 노력을 한 사람들이에요.
"세상에, 저 발 좀 봐!"
세계적인 발레리나 강수진의 발을 본 사람들은 모두 소스
라쳐 놀랐어요. 얼마나 연습을 많이 했는지 발가락이 울퉁
불퉁 튀어나왔거든요.
세계 피겨 스케이팅 역사를 새로 쓴 김연아 선수도, 역대
최고의 축구 선수로 인정받는 박지성 선수도 마찬가지예
요. 이들은 모두 어릴 적부터 자신의 꿈을 이루기 위해 밤
낮으로 땀 흘려 연습했어요. 그러다가 마침내 자기
분야에서 최고가 된 사람들이에요.
어려운 일을 겪고, 고된 일을 해낸 뒤
에 즐겁고 좋은 일이 생긴다는 걸
우리에게 보여 준 훌륭한 사람들
이지요. 이럴 때 쓸 수 있는 말이
"고생 끝에 낙이 온다."예요.

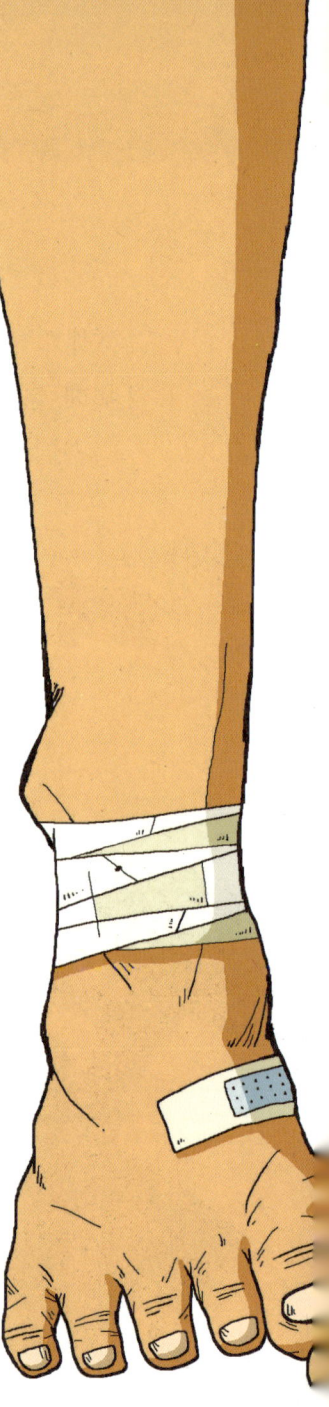

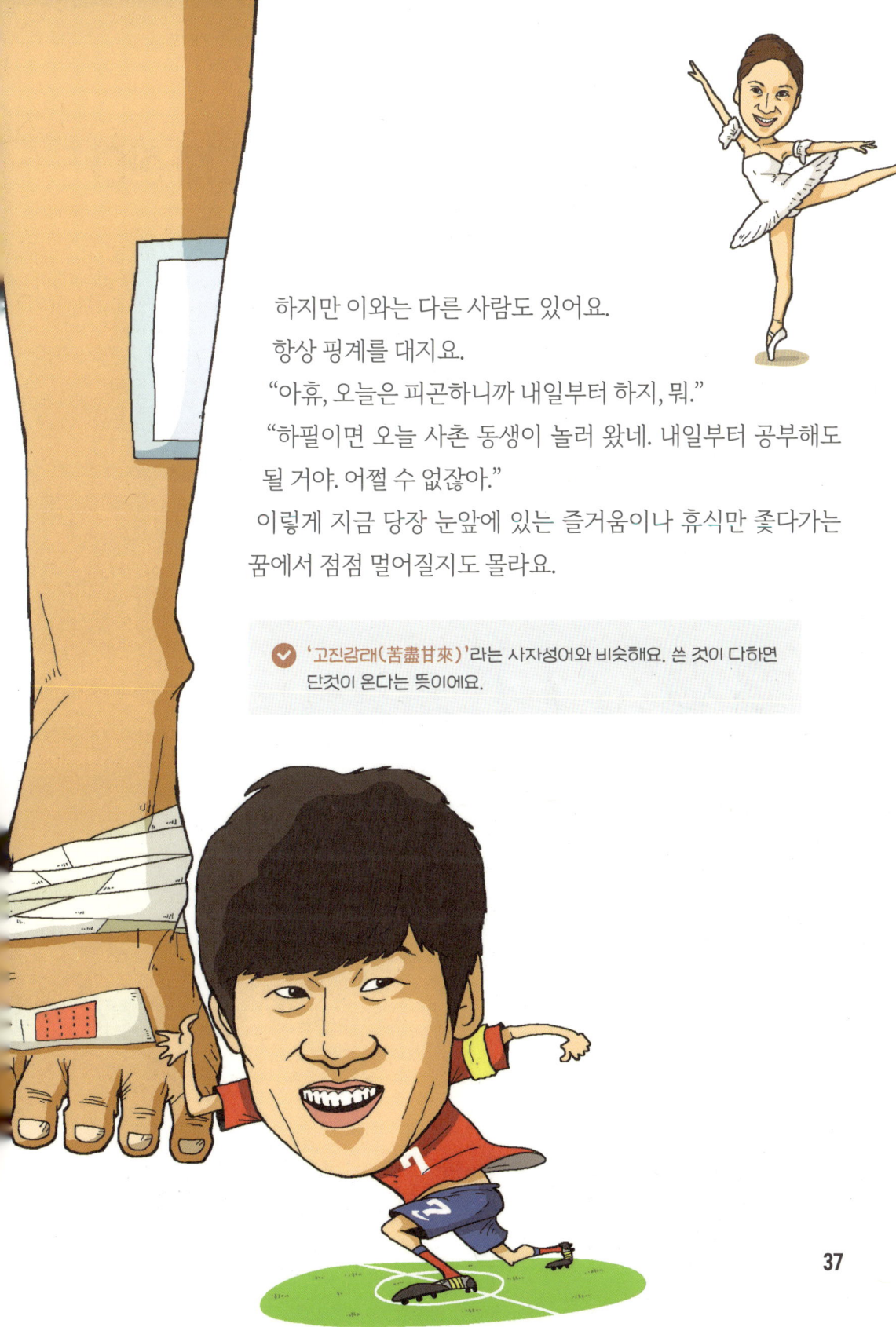

하지만 이와는 다른 사람도 있어요.

항상 핑계를 대지요.

"아휴, 오늘은 피곤하니까 내일부터 하지, 뭐."

"하필이면 오늘 사촌 동생이 놀러 왔네. 내일부터 공부해도 될 거야. 어쩔 수 없잖아."

이렇게 지금 당장 눈앞에 있는 즐거움이나 휴식만 좇다가는 꿈에서 점점 멀어질지도 몰라요.

'고진감래(苦盡甘來)'라는 사자성어와 비슷해요. 쓴 것이 다하면 단것이 온다는 뜻이에요.

고슴도치도 제 새끼가 제일 곱다고 한다

"야아, 재미있다!"
한 아이가 식당에서 우당탕 마구 뛰어다녀요.
음식을 먹던 사람들이 눈살을 찌푸릴 만큼 시끄럽게 말이에요.
그런데도 아이의 엄마, 아빠는 아무렇지 않은 표정이에요.
이때 한 할머니가 혀를 끌끌 차며 말했어요.
"고슴도치도 제 새끼는 예쁘다더니, 쯧쯧!"

고슴도치는 온몸에 밤송이처럼 가시가 돋아 있어 만지기 어렵고, 얼굴도 생쥐와 비슷하게 생겼어요. 그런데도 부모 눈에는 아기 고슴도치가 세상에서 가장 예쁘고 사랑스럽게 보이지요.

이처럼 자식의 부족한 점이나 단점을 가리지 않고 무조건 감싸며 자랑스러워하는 마음을 빗대어, "고슴도치도 제 새끼가 제일 곱다고 한다."라고 말한답니다.

✅ "고슴도치도 제 새끼는 함함하다고 한다."와 같아요.
함함하다는 말은 털이 보드랍고 반지르르 할 때 쓰는 말이니 고슴도치와는 어울리지 않지요?

➕ 자식이 잘못했을 때 따끔하게 야단치는 부모가 진짜 자식을 위하는 거예요.

017 고양이 목에 방울 달기

어느 날, 쥐들이 모여서 회의를 했어요.
"날마다 우리를 잡아먹으려고 하는 무서운 고양이를 어떻게 하면 좋을까?"
쥐들은 너도나도 자기 의견을 말했어요.
"고양이가 없는 동네로 이사를 가요!"
"고양이한테 들키지 말고 먹이를 찾아 나서야 해요."
하지만 그 어떤 의견도 속 시원한 답을 주지 못했어요.
그때 어떤 쥐가 말했어요.
"고양이 목에 방울을 달면 어떨까요? 딸랑딸랑 소리가 나면 잽싸게 도망을 가면 될 테니까요."

"옳지, 그거 참 좋은 생각이다!"

쥐들은 눈을 반짝이며 기뻐했어요.

하지만 과연 어떤 쥐가 고양이 목에 방울을 다느냐 하는 문제가 남았어요.

그 어떤 쥐도 선뜻 나서지 못했지요. 고양이 목에 방울을 달기도 전에 먼저 고양이 밥이 될 게 뻔하니까요.

이처럼 말하는 것과 그걸 실천하는 건 서로 다른 문제랍니다.

"고양이 목에 방울 달기"라는 속담은 아무리 좋은 아이디어라도 그걸 실천하지 못하면 아무 소용이 없다는 교훈을 주는 뜻이에요.

➕ 실천할 수도 없는 일을 두고 이러쿵저러쿵하는 건 참 우습지요?

018 공든 탑이 무너지랴

장난감 블록으로 집을 지어 본 적이 있나요?

블록을 한 개, 한 개 차곡차곡 꼼꼼하게 쌓아 올리면 아주 튼튼하고 멋진 집 한 채가 완성되지요.

하지만 마음이 급해서 대충대충 쌓으면 어떻게 될까요?

얼마 안 가 와르르 무너지고 말 거예요.

옛날 사람들이 탑을 쌓을 때도 마찬가지였어요.

경주의 다보탑과 석가탑, 부여의 정림사지 5층 석탑, 서울의 원각사지 10층 석탑 등은 그 아름다움도 일품이지만, 아주 오래된 탑인데도 지금까지 꿋꿋하게 서 있어요. 석공들이 한 층, 한 층 온 정성을 다해 쌓았기 때문이에요.

이처럼 무슨 일을 할 때 정성을 다해 공을 들이면 결코 헛되지 않아요. 자기 이름을 빛낸 훌륭한 사람들은 모두 자신들만의 든든한 탑을 쌓았기 때문이에요.

무거운 돌을 자르고, 나르고, 쌓는 힘든 일을 묵묵히 견디어 낸 거예요. 그러니 공든 탑이 무너질 리가 없지요.

➕ 자신만의 든든하고 멋진 탑을 쌓고 싶다면, 옛날의 석공처럼 현재 내 일을 열심히 하는 것이 최선이에요.

019 광에서 인심 난다

'광'은 예전에 곡식이나 살림살이, 여러 가지 물건을 넣어 두는 창고를 뜻해요.
그 안에는 쌀이며 보리, 콩, 팥, 수수, 조 등 겨우 내 먹을 식량과 농사일에 필요
한 농기구. 그리고 생활에 필요한 도구 등 없는 게 없어요.

부잣집 광일수록 그 크기가 크고, 곡식도 아주 많이 저장되어 있어요. 쌀가마니
가 높다랗게 쌓여 있고요, 항아리마다 곡식이 그득그득해서 보기만 해도 배가
부르지요.

하지만 가난한 집 광은 대개 텅 비어 있어요. 겨우 식구들 입에 풀칠할 정도의
쌀 한 됫박, 보리 한 말이 전부예요.

그래서 가뭄이나 홍수 등으로 마을이 피해를 입으면 부잣집에서는 광을 열어
가난한 이웃을 도왔지요. 곡식을 빌려주거나 떡을 해서 이웃에게 넉넉히 나눠
주기도 했답니다. 그렇게 "광에서 인심 난다."라는 말이 생겨났어요.

내 살림이 넉넉해야 남을 도와줄 수 있다는 뜻이에요.

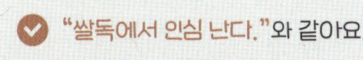 "쌀독에서 인심 난다."와 같아요.

020 구더기 무서워 장 못 담글까

옛날에는 집집마다 마당에 장독대가 있었어요.
배가 불룩한, 크고 작은 항아리들이 죽 놓여 있었지요. 그 안에 해마다 담근 고추장, 된장, 간장 등이 가득 담겨 있었고요.
그런데 가끔 된장 항아리에서 굼실굼실하는 구더기가 기어 나올 때가 있어요. 장을 담글 때 파리가 들어가 알을 낳은 거지요. 하지만 걱정 없어요. 햇볕이 쨍쨍한 날, 항아리 뚜껑을 활짝 열어 놓고 구더기를 잡으면 되니까요.
만약 그런 구더기가 나올까 봐 겁이 나서 장을 안 담근다면 어떻게 될까요?
지금과 달리 옛날에는 양념으로 쓸 간장, 된장, 고추장이 없으면 밥을 먹을 수가 없었어요. 그러니 장이 없으면 1년 내내 남의 집에 얻으러 다녀야 하거나 반찬이 없이 밥을 먹어야 할 판이지요.

"구더기 무서워 장 못 담글까."라는 말은 힘든 일이나 방해되는 일이 생겨도 마땅히 할 일은 해야만 한다는 뜻이에요. 넘어질까 봐 무섭긴 해도 꾹 참고 자전거 타는 걸 배워야 하는 것과 물이 아무리 무서워도 꾹 참고 수영을 배워야 하는 것처럼요.

✅ "범 무서워 산에 못 가랴.",
   "장마가 무서워 호박을 못 심겠다."와 같아요.

으아아함
잘 잤다.
좋은 아침~

안녕.

오~

저기봐.

안녕♡

뜨아…
구더기

훌러덩

021 구슬이 서 말이라도 꿰어야 보배

'구슬'은 원래 보석이나 진주 등으로 동글동글 매끄럽게 만든 물건이에요.
옛날부터 반지나 목걸이, 귀고리 같은 장신구를 만드는 데 많이 사용했답니다.
그래서 부잣집에서 잔칫날이나 명절 때가 되면 부인이나 딸, 며느리들을 예쁘게 치장하기 위해 사들이곤 했어요. 또 벼슬이 높은 대감들이 입는 저고리의 단추나 갓끈을 꾸미는 데도 썼고요. 가난한 집에서는 감히 만져 볼 수도 없는 귀한 물건이었지요.
어느 부잣집에 이처럼 귀한 구슬이 서 말이나 있다고 해요. 여기서 '서'는 수량이 셋임을 나타내는 말이고, '말'은 곡식이나 가루 등의 분량을 헤아릴 때 쓰는 커다란 그릇이에요. 그러니 아주 많은 구슬이 있다는 뜻이지요.
하지만 아무리 귀하고 많은 구슬도 그냥 놔두면 무슨 소용이 있을까요?
한 알, 두 알 정성껏 실에 꿰어야 예쁜 장신구가 되고, 집안 대대로 내려오는 보배가 되지요.
그러므로 훌륭하고 좋은 물건이나 재주가 있어도 그걸 다듬고 제때 쓰지 않으면 값어치가 없다는 뜻이랍니다. 즉 실천이 중요하다는 이야기지요.

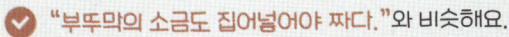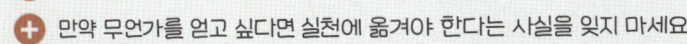

"부뚜막의 소금도 집어넣어야 짜다."와 비슷해요.

만약 무언가를 얻고 싶다면 실천에 옮겨야 한다는 사실을 잊지 마세요.

49

022 귀에 걸면 귀걸이 코에 걸면 코걸이

어떤 아이가 미술 학원 가는 길에 친구를 만났어요.
"어, 너 옷이 왜 이러니?"
친구가 깜짝 놀라 물었어요.

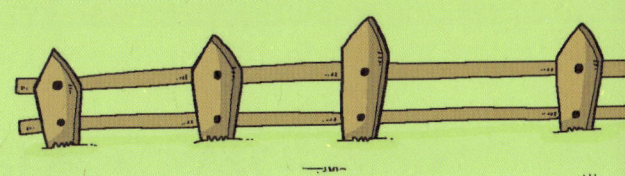

그러고 보니 서둘러 나오느라 옷을 뒤집어 입은 거예요.

상표가 밖으로 다 드러나게 입었지 뭐예요.

"응, 이 옷은 원래 이렇게 입는 거야!"

아이는 당황한 나머지 시치미를 뚝 떼고 말했어요.

"정말?"

"그렇다니까. 우리 엄마가 그러는데 멋쟁이들은 이렇게 입는대."

아이는 싱글벙글 웃으며 둘러댔어요.

"귀에 걸면 귀걸이 코에 걸면 코걸이"라는 속담을 알고 있었거든요.

귀에 거는 귀걸이를 코에 걸고는, 코걸이라고 우기는 사람처럼 말이지요.

　　이처럼 자기 입장에 유리하게 둘러댈 때 쓰지만, 어떤 사실이 이렇게도 저

　　렇게도 해석될 수 있다는 뜻이지요.

➕ 장갑을 머리에 쓰고는 모자라고 우기는 어린아이와 같지요?

023 금강산도 식후경

금강산은 강원도 태백산맥 북부부터 북한까지 걸쳐 있는 경치가 매우 아름다운 산이에요. 1만 2000개나 되는 봉우리가 있다고 할 만큼 많은 봉우리가 삐죽삐죽 솟아 있는 우리나라 대표 명산이지요.

'식후경'이란 밥을 먹은 후에 구경한다는 뜻이에요.

이토록 아름다운 금강산도 밥을 먹은 후에 구경하는 게 더 좋다니, 이게 무슨 뜻일까요?

아마 배가 심하게 고파 본 사람은 알 거예요.

아무리 좋은 옷이나 장난감이 눈앞에 있어도 꼬르륵 꼬르륵 소리가 날 만큼 배가 고플 때는 그게 눈에 들어오지 않고, 먹을 걸 먼저 찾게 되지요.

공부할 때도 배가 고프면 뭐 먹을 거 없나 하고 냉장고 문만 자꾸 열었다 닫았다 하는 것처럼요. 아무리 재미있는 일이나 멋진 경치라도 배가 불러야 흥미가 생기는 건 당연한 일이랍니다.

✅ "수염이 대 자라도 먹어야 양반"과 비슷해요. 아무리 점잖은 양반이라도 배가 고프면 체면이나 예절도 좋지만 제대로 처신할 수 없다는 뜻이에요.

024 까마귀 날자 배 떨어진다

까마귀가 깍깍 울며 배나무 위를 날아가는 중이었어요.
하필이면 그때 배가 뚝 떨어졌지요.
"이런, 고얀 녀석! 아깝게 배를 떨어뜨리다니!"
배나무 주인은 화를 펄펄 내며 까마귀에게 마구 삿
대질을 했어요.
"내가 그런 게 아니라고요, 깍깍!"
까마귀는 어이가 없고 억울했어요. 그러나 마냥
화를 낼 수도 없었지요.

난 아니라구웃!!

자신이 날아간 뒤에 땅에 배가 떨어진 게 보였거든요.

혹시 이 까마귀처럼 억울하고 속상한 일을 겪은 적이 있나요?

주방 서랍장에서 과자를 막 꺼내려는데 갑자기 다른 물건들이 와르르 떨어지는 일, 친구의 휴대폰을 빌려서 쓰는데 갑자기 작동이 잘 안되는 일들 말이에요.

그럴 땐 정말 억울하게 누명을 쓴 까마귀처럼 속상할 거예요.

이런 경우 "버선목이라 뒤집어 보이지도 못하고."라는 말을 해요. 한복을 입을 때 신는 버선이라면 마음껏 그 속을 뒤집어서 보여 주겠지만 사람 속은 그럴 수 없으니 답답하다는 뜻이에요.

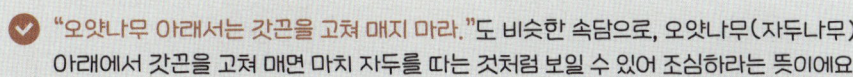 "오얏나무 아래서는 갓끈을 고쳐 매지 마라."도 비슷한 속담으로, 오얏나무(자두나무) 아래에서 갓끈을 고쳐 매면 마치 자두를 따는 것처럼 보일 수 있어 조심하라는 뜻이에요.

025 꿩 먹고 알 먹는다

꿩은 아주 작은 소리도 잘 듣는다고 해요.
살금살금, 누가 가까이 다가가기만 하면 푸드덕 날아가곤 하지요.
하지만 사람이 다가가도 날아가지 않을 때가 있어요.
그건 바로 알을 품고 있을 때랍니다.
"이게 웬 횡재람!"
그 덕분에 꿩 사냥꾼은 꿩도 잡고 알도 가져갈 수 있었어요.
알을 지키려는 어미 꿩의 갸륵한 마음을 몰라준 채 말이에요.
이처럼 한 가지 일을 하다가 두 가지 이상의 이익을 얻을 때
"꿩 먹고 알 먹는다."라고 한답니다.

오랜만에 내 방 청소를 하다가 책상 서랍에서 명절 때 이모에게 받은 용돈을 발견했을 때 처럼요.
이렇게 뜻하지 않게 횡재를 하면 아주 기분이 좋아져요.

✔ '일석이조(一石二鳥)'와 '일거양득(一擧兩得)'이 같은 뜻의 사자성어예요.

026 남의 손의 떡은 커 보인다

참 이상해요.

맛집에서 돈가스를 시키면 왜 꼭 다른 사람의 접시에 있는 돈가스가 더 커 보이는 걸까요? 내 피자 조각이 늘 남의 피자 조각보다 작게만 보이고요. 그러다가 접시를 바꾸면 이젠 거꾸로 원래 내 것이 더 커 보이고요.

그뿐만 아니에요.

나는 늘 개미처럼 부지런히 공부하는데, 내 친구는 베짱이처럼 설렁설렁 놀기만 하는 것처럼 보이고요. 나는 아무 재주도 없는데, 다른 친구는 노래도 잘 하고 춤도 잘 추는 재능을 타고난 것 같아요. 나는 만날 엄마 심부름을 도맡아 하는데, 동생은 날마다 빈둥빈둥 노는 것 같기도 하고요.

흠, 저게 더 커 보이는데…

찌릿

58

아무래도 사람 마음속에는 나쁜 심보가 숨어 있나 봐요.
내 것보다 남의 것이 크고 좋아 보이는 못된 심술 보따리 말이에요.
이처럼 자꾸 남의 그릇에 담긴 떡이 크고 좋아 보이면 어쩌지요?
그럴 때마다 그릇을 바꿀 수도 없잖아요. 제일 좋은 방법은 바로 나를 바꾸는 거
랍니다. "내 떡이 제일 크다!"라고요.

➕ 내 것과 남의 것을 비교하기보다 내가 가진 것에 집중하며 만족하는 습관을 가져봐요.

027 남의 제사에 감 놓아라 배 놓아라 한다

할아버지 두 분이 바둑을 두고 있어요.

그런데 구경꾼들 중에는 꼭 참견하기 좋아하는 사람이 있답니다.

바둑돌을 여기에 놓아라, 저기에 놓아라, 자꾸 간섭하는 거예요.

"어허, 가만히 좀 있게."

아무리 꾸지람을 해도 그때뿐이지요.

자꾸만 남이 하는 일에 이래라저래라 간섭을 하는 거예요.

이렇게 자신의 일이 아닌데도 간섭하는 사람들에게 "남의 제사에 감 놓아라 배 놓아라 한다."라는 말을 하는 거랍니다.

제사는 집집마다 다르고, 사는 지방마다 풍습이 다른데도 왜 사과는 여기다 놓느냐, 왜 떡은 저기다 놓느냐 따지는 사람들 말이에요.

남의 입장을 배려하지 않고 자기 생각만 옳다고 우기는 거지요.

그런 사람은 남들에게 미움 받기 십상이랍니다.

✔️ "사돈집 잔치에 감 놓아라 배 놓아라 한다."와 같아요.
➕ 지나치게 간섭을 하는 것은 남을 불쾌하게 만들기도 하니, 뭐든지 적당한 게 좋아요.

61

028 낫 놓고 기역 자도 모른다

낫은 매우 날카로워 쓱싹쓱싹 곡식을 베고, 나무를 척척 자를 때 제격이지요.
옛날에 집집마다 농사를 짓던 시절에는 기역 자처럼 생긴 낫이 요모조모 쓸데
가 많아서 한두 개씩은 꼭 있었어요.
그런데 "낫 놓고 기역 자도 모른다."라는 건 무슨 뜻일까요?
기역 자를 닮은 낫을 코앞에 놓고도 기역 자를 몰라 고개를 갸우뚱하는 사람이
있으면 "예끼 낫 놓고 기역 자도 모르다니!"하며 놀려댔대요.
즉, 아주 쉽고 간단한 것도 잘 모르는 것을 이르는 말이랍니다.
요즈음 "지게 놓고 A(에이) 자도 모른다."라는 말과 똑같아요. 지게처럼 생긴
'A(에이)'를 모르는 무식한 사람이라는 뜻이죠. 그러니 영어 공부도 열심히 해
야겠죠?

029 내코가석자

'자'는 지금은 쓰지 않는, 오래전에 사용했던 길이 단위예요.
한 자가 약 30센티미터로, '석 자'는 거의 1미터가 되는 긴 길이지요.
감기에 걸렸을 때 훌쩍이는 콧물이 석 자 씩이나 된다니 무슨 뜻일까요? 그만큼
자기 처지가 나쁘고 곤란하다는 걸 부풀려서 하는 말이에요.
"나 돈 좀 빌려 줄래?"
친구나 오빠가 가끔 손을 내밀 때가 있을 거예요.
어느 틈에 용돈을 야금야금 다 쓰고 다른 사람한테 돈을 꾸려는 거지요. 그럴 때
나도 쓸데가 있어 돈을 빌려 주기 힘들다면 이렇게 딱 잘라 말해 보세요.
"지금 내 코가 석 자야."
그럼 더 이상 졸라 대지 않을 거예요요.
이처럼 "내 코가 석 자"라는 말속에는 내 사정이 여의치 않아 상대방의 부탁을
들어주기 어렵다는 거절의 의미가 담겨 있어요.

64

아무리 들어주고 싶어도 내 처지가 딱하니 들어줄 수가 없다는 거지요. 하지만 도움을 청한 사람 편에서 보면 참 무안하기 짝이 없는 대답이기도 해요.

✅ '오비삼척(吾鼻三尺)'이란 사자성어와 같아요.
➕ 누군가 도움을 청하면 선뜻 들어줄 수 있는 여유를 갖기 바라요.

우리 집에도 불났대!!

다 다 다

030 냉수 먹고 이 쑤시기

옛날에 양반들은 아무리 급해도 뛰지 않았어요.

뒷짐을 진 채 "어험!" 하며 팔자걸음을 걸었지요. 또 아무리 기쁘거나 슬퍼도 쉽게 감정을 드러내지 않았고요.

이 모든 게 체면을 지키느라 그런 거예요. 자신의 겉모습이 다른 사람의 눈에 어떻게 비칠지 몰라 지나치게 염려하는 거지요. 오죽하면 밥이나 고기가 아닌 냉수 한 사발을 마시고도 이를 쑤시겠어요?

그만큼 남들에게 무언가 배불리 먹었다는 걸 보여 주려는 거지요.

진짜 있지도 않으면서 "우리 집에 금송아지 있다!"라고 허풍을 떠는 것과 마찬가지예요. "냉수 먹고 이 쑤시기"는 이렇게 가진 게 없으면서도 있는 척, 아는 게 없으면서 아는 척하는 모습을 비꼴 때 쓰는 말이랍니다.

갈비나 불고기 같은 고기 반찬이 아닌 그저 냉수 한 그릇을 먹고 이를 쑤시는 허세를 부리는 것보다 있는 그대로 보여 주는 게 제일 좋겠지요?

- ✅ "양반은 물에 빠져도 개헤엄은 안 한다.", "양반은 얼어 죽어도 짚불은 안 쬔다."와 같아요.
- ➕ 겉치레에 신경 쓰기보다 내면에 신경 쓰는 사람이 되세요.

031   누워서 침 뱉기

"내 동생이 없었으면 좋겠어!"
"우리 엄만 정말 잔소리 대장이야."
"내 짝꿍이 입은 옷은 정말 촌스러워."
가끔 이렇게 말끝마다 가까운 사람을 흉보는 사람이 있어요.
자신을 돌이켜 보기보다 늘 가까운 사람에 대
해 비딱하게 이야기 하는 사람이지요.
이런 사람을 보고 "누워서 침 뱉기"를 한다고
표현해요. 누워서 침을 뱉으면 어떻게 될까요?
그 침이 내 얼굴로 다시 떨어지겠지요? 이처럼,
나쁜 말이나 옳지 않은 행동을 하면 결국 그 댓가
가 나한테 다시 돌아오기 마련입니다.

다른 사람을 비난하거나 못된 행동을 할수록 나를 좋아하는 사람들은 점점 줄
어들테니까요.

"치, 나도 형이 없었으면 좋겠어."

"네가 잘하면 내가 왜 잔소리를 하겠니?"

"흥, 저는 더 못생겼으면서."

나쁜 말, 나쁜 행동은 결국 나를 혼자로 만들게 한답니다.

✅ "하늘 보고 침 뱉기"와 같아요.
➕ 남을 해치려다간 도리어 내가 해를 입게 되니, 말과 행동을 가려 쓸 줄 알아야 해요.

032 다 된 죽에 코 빠졌다

우리나라 선수와 브라질 선수가 축구 경기를 하고 있어요.

우리나라는 반드시 이겨야 하지만, 브라질은 비기기만 해도 되는 상황이지요.

브라질 팀에는 세계적으로 이름 난 선수들이 많아 점수를 내기가 쉽지 않았어요. 그래도 우리나라 선수들은 결코 주눅 들지 않고 힘을 모아 공을 막아 내며, 눈 깜짝할 사이 골대를 향해 슛을 날리곤 했지요.

그러나 전반전을 지나 후반전이 되어서도 승부는 좀처럼 갈리지 않았고, 양쪽 선수들 모두 지친 기색이 역력했답니다.

바로 그때였어요. 우리나라 선수가 좋은 기회를 잡아 골문을 향해 질주했어요. 모두가 한 마음으로 지켜보던 그때, 브라질 선수가 우리나라 선수를 막아서며 공을 걷어 낸 거예요.

"이거 참 아쉽네."

우리나라 응원단은 아쉬움에 잔뜩 풀이 죽었어요.

그런데 이게 어찌 된 일이에요? 브라질 선수가 걷어 낸 공이 그만 골문으로 들어간 거예요! 브라질 선수가 자책골을 넣은 거지요.

"하하, 브라질은 다 된 죽에 코 빠뜨렸구먼!"

사람들은 이렇게 말하며 기뻐서 어쩔 줄 몰랐어요.

이처럼 "다 된 죽에 코 빠졌다."라는 말은 거의 다 이뤄진 일이 한순간의 실수로 실패로 돌아갈 때 쓰는 말이랍니다.

✔ "죽 쑤어 개 준다."와 비슷해요.

033 달도 차면 기운다

집 뒷산이나 언덕을 올라갈 때는 헉헉 숨이 차요.
하지만 내려올 때는 날아갈 듯 몸이 가볍기만 하지요.
모든 일에는 오르막이 있으면 내리막이 있답니다.
밤하늘에 떠 있는 달도 마찬가지예요.
초승달, 반달, 보름달 그리고 다시 반달, 그믐달……
초승달이 점점 커져서 둥근 보름달이 되었다가 다시 또 작아지지요. 이처럼 모든 것이 한 번 왕성하게 차올랐다가 다시 줄어드는 것이 세상 이치랍니다.
사람이 사는 일도 똑같아요.
높은 지위에 올라 떵떵거리며 살던 사람도 언젠가는 그 자리에서 내려와야 하는 때가 오지요.

그러니 내가 남들보다 더 많은 것을 가졌을 때, 더 여유로울 때
남을 무시하지 말고 겸손한 태도로 살아야 해요.
모든 일이 내 뜻대로 된다고 남을 깔보고 업신여기면 큰일 나요.
언젠가 내가 했던 대로 되돌려 받을지도 모르거든요.

✔ "달이 둥글면 이지러지고 그릇이 차면 넘친다."와 같아요.

꼴 좋다!

72

034 달면 삼키고 쓰면 뱉는다

여우와 사슴은 숲 속에서 둘도 없는 친구였어요.

"여우야, 너는 참 영리하구나. 정말 부러워."

사슴이 말했어요.

"정말? 고마워. 난 네 뿔이 더 근사해 보이는걸."

여우도 수줍어하며 말했어요.

그런데 어느 날, 여우가 지나가는 사람을 괴롭혔어요.

"여우야, 아무 잘못 없는 사람을 괴롭히는 건 옳지 않아."

사슴이 충고를 했어요.

"뭐라고? 내 일에 간섭하지 마!"

여우는 샐쭉 토라져 휙 돌아서서 가 버렸어요.

달콤한 칭찬은 좋아하면서 쓰디쓴 충고는 싫어한 거예요.

여우처럼 이렇게 '달면 삼키고 쓰면 뱉는' 사람은 어떻게 될까요?

넌 영리해.

뿔이 정말 멋져!!

그 사람 곁에는 늘 아부하고 아첨하는 친구만 있을 거예요.
사탕을 많이 먹으면 이가 썩듯이, 남의 충고 같은 건 받아들이지 않는 막돼먹은
사람이 될 테고요.
그러니 가끔은 듣기에 쓴 말도 겸손하게 받아들여야 한답니다.

➕ 칭찬만 좋아하는 사람은 그릇이 작은 인물이에요.

035 닭 잡아먹고 오리발 내민다

닭으로 만든 요리를 한번 떠올려 볼까요?

치킨, 찜닭, 닭볶음탕, 삼계탕, 닭갈비……. 생각만 해도 입안에 군침이 돌지요.

그런데 이렇게 맛있는 닭을 잡아먹고 오리 발을 내놓는다니 무슨 뜻일까요?

예전부터 닭은 집 근처 텃밭 옆이나 마당에서 내어놓고 키웠어요. 그래서 맘만

먹으면 남의 집 닭도 몰래 잡아먹을 수 있었지요.

하지만 닭이 없어진 걸 안 주인이 가만있을 리가 있나요.

이 집 저 집 다니며 닭 잡아먹은 사람을 찾아내지요.

그때 진짜 닭 잡아먹은 사람이 흠칫 놀라 자신은 닭이 아니라 오리를 먹었다며 오리발을 내놓는다는 거예요.

그래서 자신의 잘못을 감추기 위해 엉뚱한 변명이나 증거를 내놓는 비겁한 모습을 보고 "닭 잡아먹고 오리발 내민다"라는 말을 했어요.

닭을 잡아먹은 건 옳지 못한 일이고, 오리발을 내민 건 자신의 잘못을 숨기려고 핑계를 대거나 증거를 감추는 행동이라는 거지요.
가족 몰래 간식을 먹어 놓고선 엄마한테 들키자, "몰라, 형이 먹었나?" 하고 시치미를 뚝 떼는 것과 같아요.

"눈 가리고 아웅"과 비슷해요. 얕은 수로 남을 속이려 한다는 뜻이지요.

036 닭 쫓던 개 지붕 쳐다보듯

시골집에 가면 닭이랑 개가 마당에서 함께 지내는 모습을 볼 수 있어요.
닭은 꼬꼬댁거리며 모이를 찾아다니고, 개는 꼬리를 흔들며 그 뒤를 쫓아다니
고요. 그러다 닭이 맛있는 모이를 물고 가면 개가 후다닥 달려와 빼앗으려 해요.
개는 움직임이 빠르고 날카로운 이빨을 가지고 있지만 닭에게는 날개가 있어
요. 쫓기던 닭이 지붕이나 횃대로 올라가 버리면 개는 그저 침만 질질 흘리며 바
라볼 수밖에 없지요.
이처럼 애써서 노력하던 일이 실패로 돌아가거나, 남보다 뒤떨어져 어쩔 도리
가 없을 때 "닭 쫓던 개 지붕 쳐다보듯"이라는 말을 해요.

그러니까 까불지 말라고!

열심히 달리기 연습을 했는데 운동회에서 실수로 걸려 넘어졌을 때, 블록으로 멋진 집을 만들었는데 동생이 실수로 망쳐 놨을 때, 버스를 타려고 힘껏 달려갔는데 눈앞에서 휭 떠나 버렸을 때 등 말이에요.

이렇게 노력했는데 성과를 얻지 못하는 일이 생각보다 많아요.

그럴 때면 매우 속이 상하고 아쉽지요.

하지만 그렇다고 맥이 빠져서 그대로 주저앉으면 안 되겠지요?

 "다 된 죽에 코 빠졌다."와 같아요.

037 돌다리도 두들겨 보고 건너라

이 세상에는 다리가 아주 많아요.

징검다리, 흔들다리, 무지개다리, 철교, 돌다리…….

그중에서 돌다리는 돌로 만든 아주 튼튼하고 안전한 다리지요.

웬만한 홍수나 태풍에도 끄떡없는 다리랍니다.

그런데 이렇게 튼튼한 "돌다리도 두들겨 보고 건너라."라는 건 무슨 뜻일까요?

그만큼 잘 아는 일이라도 세심하게 주의를 기울이고 신중하게 하라는 뜻이에요.

《이솝 우화》 중에 이런 이야기가 있어요.

목마른 비둘기가 그림 속의 물 주전자를 보고는 반가워서 그림을 향해 날아갔지요. 그러다가 그만 꽝 하고 그림에 부딪히고 말았어요. 비둘기는 물은커녕 날갯죽지를 다친 채 우물쭈물하다가 그만 사람에게 잡히는 신세가 되었어요.

만약 그 비둘기가 좀 더 자세히 물 주전자를 살폈더라면 그림이라는 걸 알고, 그런 꼴을 당하지 않았겠지요? 이렇듯 어떤 일을 하든 성급하게 행동하지 말고 한번 더 확인하라는 의미로 쓴답니다.

> ✔ "아는 길도 물어 가랬다."와 "식은 죽도 불어 가며 먹어라."와도 같아요.
>
> ➕ 무슨 일을 할 때 엄벙덤벙하다가는 큰코다치기 쉬우니 조심하세요.

고마워, 형아.

척

038 　되로 주고 말로 받는다

옛날에는 시장에서 물건을 살 때 되나 말을 많이 썼어요.

쌀 한 되, 보리 서 말, 참깨 한 되 이렇게 말이에요. 여기서 '되'나 '말'은 곡식이나 가루, 액체 등의 양을 재는 도구인데 열 되가 한 말이랍니다.

그런데 누군가에게 쌀 한 되를 주고 한 말을 받았다면 어떨까요?

예를 들어 친구에게 달콤한 사탕 한 개를 줬는데, 그 친구가 나중에 내게 사탕 열 개를 주는 상황이지요. 그럼 정말 횡재한 기분이겠지요.

세상에는 이처럼 작은 행동이 예상치 못한 결과로 돌아오는 경우가 있어요.

길을 건너는 어르신을 돕거나 길을 잃은 아이를 경찰서에 데려다 주었는데 표창장을 받거나 보답을 받는 것처럼요.

하지만 반대로 되로 주고 말로 받아서 기분이 언짢을 때도 있어요. 친구에게 장난을 쳤는데 그 친구가 더 큰 장난을 칠 때지요. 그럴 때는 내가 한 일이 있으니 화도 낼 수 없고 참 곤란하겠지요?

✅ "되 글을 가지고 말 글로 써먹는다."와 비슷한 뜻으로, 글을 조금 배워 가지고 가장 효과적으로 써먹는다는 의미예요.

➕ 좋은 일은 되로 받고 말로 주세요. 나쁜 일은 말로 받아도 꾹꾹 참고 웃으며 넘어가고요. 그럼 다툼이 생기지 않을 거예요.

히야

작은 보답이야.

039 될성부른 나무는 떡잎부터 알아본다

나무나 꽃이 잘 자라려면 그 떡잎이 싱싱해야 해요.
떡잎은 씨앗에서 처음 나온 잎을 말하는데 이 떡잎이 누렇거나 비쩍 말라 있으면 그 나무나 꽃은 건강하게 자라지 못하거든요.
그래서 어릴 때부터 지혜가 뛰어나고 총명한 아이를 보면 "될성부른 나무는 떡잎부터 알아본다."라고 말했어요.
'될성부르다'는 말은 잘 될 가망이 있어 보인다는 뜻으로 됨됨이나 마음가짐이 어릴 때부터 남보다 유난히 뛰어난 아이를 보고 하는 칭찬의 말이지요.
오성 대감이란 별명으로 알려진 조선 시대의 위인 이항복도 마찬가지였어요.
어느 날 어린 이항복이 보니, 자기 집 감나무의 감을 바로 옆 대감집의 하인들이 마구 따 가는 거예요. 감이 달린 나뭇가지가 담을 넘어왔으니 그 감은 대감네거라는 말도 안되는 주장을 하면서요. 그런데도 옆집 대감은 자기 하인들을 나무라지 않았어요.
참다못한 이항복은 어느 날 그 집 대감을 찾아가서는 한쪽 팔을 창호지 문 사이로 불쑥 내밀며 물었어요.
"대감님, 이게 누구 팔입니까?"
"어허, 네놈 팔이 아니더냐?"
"그럼 담장을 넘어온 감은 뉘 집 감입니까?"
이 말을 들은 대감은 크게 감탄하며 하인들을 불러 감을 돌려주라 일렀지요.

어릴 때부터 이처럼 영리하던 이항복은 훗날 조선의 충신이자 명재상이 되었어요. 장래에 크게 될 사람은 어릴 때부터 그 됨됨이가 다르답니다.

➕ 나는 지금 어떤 떡잎일까요?

040 등잔 밑이 어둡다

이웃집에 도둑이 들었어요. 아주머니가 아끼는 금반지랑 비싼 손목 시계가 감쪽같이 사라졌어요. 서랍 속에 단단히 넣어 둔 건데 말이에요.

"대체 누가 이런 짓을 했을까?"

사람들은 웅성웅성 야단이었어요.

경찰이 와서 잃어버린 물건과 의심 가는 사람을 조사하기 시작했어요.

그런데 어쩌면 좋아요. 이제 겨우 세 살 된 아기가 손에 금반지를 끼고 손목에 시계를 차고 있는 거예요. 그리고 지금 벌어진 상황도 모른 채 방글방글 웃으며 손을 내보였어요. 서랍 속에 든 걸 무슨 수로 꺼냈는지 보란 듯 차고 있었지요.

"아이고, 조 녀석이 정말!"

　　"하하, 등잔 밑이 어둡다더니!"

　　　사람들은 그만 한바탕 웃고 말았어요.

아무도 모르겠지?

두리번 두리번

86

‘등잔’은 옛날에 전기가 없을 때 기름을 담아 불을 켜던 작은 그릇이에요. 등잔에 불을 켜면 등잔 바로 밑은 제일 어두워요. 이걸 보고 "등잔 밑이 어둡다."라는 말이 생긴 거지요.
가까이 있는 것이 도리어 알아내기 어렵다는 것을 뜻하거나, 남의 일은 잘 보여도 내 일은 스스로 알기 어렵다는 것을 뜻한답니다.

✓ "등잔 뒤가 밝다."는 반대로 가까이에서보다는 조금 떨어져 보는 게 더 잘 보인다는 뜻이에요.

041 뛰어야 벼룩

벼룩시장이라는 말을 들어 보았나요?
벼룩처럼 작은 물건, 당장 나에게 쓸모없는 물건을 파는 시장이에요.
입던 옷이지만 싫증이 난 옷, 이제 나에게 필요 없지만 누군가에게
쓸모가 있을 만한 물건을 파는 곳이지요.
외국에는 이런 벼룩시장이 곳곳에 있답니다.
그곳에서 운이 좋으면 벼룩이 아니라 보물을 건질 수도 있어요.
그런데도 사람들은 하찮은 걸 나타낼 때 '벼룩'이라는
말을 써요.
벼룩이 눈에 잘 띄지 않을 만큼 작기 때문이지요.
"뛰어야 벼룩"은 작은 벼룩이 뛰어 봤자 얼마나
높이 올라가겠느냐며, 지레 누군가를 깔아뭉
개고 비아냥거릴 때 쓰는 속담이에요.

88

하지만 사실 벼룩은 자기 몸 크기의 50배나 되는 높이를 뛰어오를 수 있답니다. 우리 눈에는 보잘것없어 보여도, 벼룩에게는 엄청난 도약인 거지요.

누군가 무얼 하려 할 때 "뛰어야 벼룩"이라는 말을 들으면 속상할 수 있지만, 온 힘을 다해 벼룩처럼 그렇게 높이 뛰어오르는 건 대단한 일이에요. 누군가 비아 냥거리듯 말해도, 내가 어떻게 받아들이느냐에 따라 마음가짐은 충분히 달라질 수 있답니다.

➕ **"뛰어야 벼룩"**이라며 체념하기보다는 자기 몸의 50배를 뛰어오르는 벼룩을 생각하며 도전할 용기를 내세요.

042 마파람에 게 눈 감추듯

갯벌을 가만가만 걸어가다 보면 조그만 게들이 어느새 구멍 속으로 쏙쏙 숨어 버리는 걸 볼 수 있어요. 조그만 몸이 어찌나 재빠른지 도무지 잡을 수가 없을 정도예요.

그런데 "마파람에 게 눈 감추듯"이란 말은 무슨 뜻일까요?

'마파람'은 배를 타는 사람들이 즐겨 쓰는 말로 남쪽에서 불어오는 바람을 뜻하는데, 마파람이 불면 비가 내린다고 해요.

갯벌을 돌아다니는 게들은 겁이 매우 많아 마파람이 불면 비가 내릴 거라 짐작하곤 잔뜩 겁에 질려 눈을 몸속으로 감추고 구멍 속으로 쏙 들어간대요.

정말 재미있지요?

이렇게 순식간에 일을 해치우거나 음식을 어느 결에 먹었는지 모를 만큼 허겁지겁 빨리 먹는 사람을 보고 "마파람에 게 눈 감추듯" 먹는다라고 했어요.

✔ "번갯불에 콩 볶아 먹겠다."와 비슷해요.

043 말이 씨가 된다

"넌 이다음에 훌륭한 작가가 될 거야!"
어떤 선생님이 한 아이에게 이렇게 칭찬을 했어요.
"그래, 난 대통령이 될 거야!"
또 다른 한 아이는 날마다 이렇게 다짐했어요.
먼 훗날, 두 아이는 훌륭한 작가와 대통령이 되었어요.
한편 날마다 누군가에게 야단만 맞는 두 아이가 있었어요.
"에구, 매일 이렇게 틀려서야! 넌 성공하기는 어렵겠어!"
"이런 얼간이! 누가 널 좋아하겠니?"
안 좋은 말만 들은 두 아이는 나중에 정말로 자신의 꿈을 이루지도 못한 채 날마다 빈둥빈둥거리며 지내는 사람이 되었지요.
"말이 씨가 된다."라는 속담처럼 정말 늘 말하던 대로 될 때가 있어요. 좋은 말을 들으면 늘 그에 걸맞는 사람이 되려고 노력하기 때문이지요. 하지만 반대로 불길한 말을 하는 경우에 입조심하라는 의미에서 쓰기도 해요.

옛날 중국의 전국 시대 진나라 무왕이 입버릇처럼 말했대요.
"낙양을 한 번만 볼 수 있다면 지금 죽어도 여한이 없다."
그런데 무왕은 낙양을 차지한 후 무거운 솥에
발목이 깔려 그만 죽고 말았어요. 평소
입버릇처럼 된 거예요.
그러니 좋은 말이 씨가 될 수 있도록
평소에 나쁜 말보다 좋은 말을 하도
록 노력해요.

✅ "말이 입힌 상처는 칼이 입힌 상처보다
깊다."라는 모로코 속담과 비슷해요.

044 메뚜기도 유월이 한철이다

오뉴월이 되면 논은 온통 초록색으로 물들지요.

그럴 때면 메뚜기가 여기저기서 폴짝폴짝 뛰어다녀요.

메뚜기는 볏짚을 먹고 살거든요.

그래서 벼가 점점 자라 이삭이 여물기 시작하면 나타나는 거예요.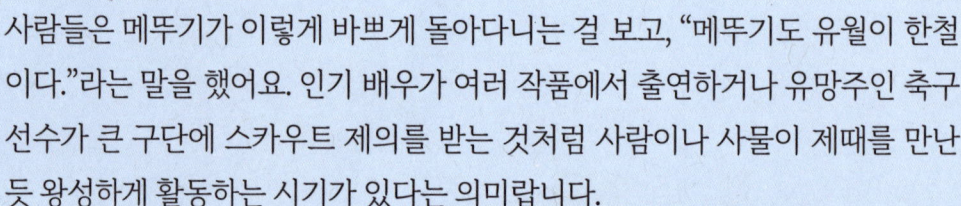

어찌나 바쁘게 폴짝폴짝 뛰어다니는지 잡으려고 하면 잽싸게 도망을

가서 잡기가 힘들어요.

사람들은 메뚜기가 이렇게 바쁘게 돌아다니는 걸 보고, "메뚜기도 유월이 한철

이다."라는 말을 했어요. 인기 배우가 여러 작품에서 출연하거나 유망주인 축구

선수가 큰 구단에 스카우트 제의를 받는 것처럼 사람이나 사물이 제때를 만난

듯 왕성하게 활동하는 시기가 있다는 의미랍니다.

그렇다면 어린이들이 한창 공부를 하고 책을 읽어야 할 때는 언제일까요?

바로 지금이랍니다.

메뚜기가 유월에 이리저리 날아다니며 바쁘게 먹이를 찾듯, 어린이들에겐 지금이 바로 열심히 자신을 갈고닦을 때니까요.
반면 날씨가 추워지면 메뚜기가 점차 활동을 못 하는 것처럼, 사람도 한창 잘 나가는 전성기가 매우 짧으니 겸손해야 한다는 의미도 있어요.

✔️ "뻐꾸기도 유월이 한철이라."와 같아요.

045 모르면 약이요, 아는 게 병

오늘은 소꿉친구의 생일이에요.

'어떡하지? 용돈을 다 썼는데……'

열심히 궁리를 하다가 며칠 전 문방구에서 뽑기로 받은 유리 반지를 떠올렸어요. 반짝반짝하는 분홍색 유리로 된 예쁜 반지예요.

"너무너무 예쁘다. 이거 좋은 거지, 그치?"

선물을 받은 친구는 기뻐서 어쩔 줄 몰라 했어요.

그런데 며칠 지나지 않아 그만 들통이 나고 말았어요.

"너, 겨우 뽑기해서 받은 반지를 선물로 준 거였어? 나는 네 생일 때 네가 좋아하는 기프트 카드 줬는데!"

친구는 씩씩대며 눈을 흘겼어요.

'모르는 게 약인데……! 어떻게 알았지?'

이렇게 살다 보면 모르는 게 마음 편할 때가 참 많답니다. 알면 괜히 걱정하거나 실망하는 일이 생기니 차라리 모르는 것이 낫다는 의미로 쓰는 말이지요.

➕ '아는 게 병'이라는 말은 아는 것이 오히려 걱정거리가 된다는 뜻이에요.

046 목구멍이 포도청

사극 영화나 드라마를 보면 가끔 '포도청'이 나와요.

나쁜 짓을 한 사람을 잡아들이거나 벌을 주던 곳이에요.

지금의 경찰서와 같은 곳이지요.

"이키, 빨리 지나가야지."

사람들은 아무 죄도 없는데, 포도청 앞을 지나가려면 괜히 무서워지고 벌벌 떨리고 했어요. 포졸들이 죄인을 오랏줄로 묶어서 질질 끌고 가고, 철썩철썩 곤장을 때리는 걸 종종 봤기 때문이에요.

그런데 이러한 포도청과 목구멍이 대체 무슨 관계가 있어서 "목구멍이 포도청"이라는 말이 나왔을까요?

그건 사람이 먹고사는 일이 어렵고 힘드니 무슨 일이든 하게 된다는 뜻이에요.

밥을 굶는 일이 나쁜 짓을 해서 잡혀가던 포도청만큼이나 무섭다는 의미지요.

당장 한 끼만 걸러도 배가 매우 고프고 다른 것에 집중하기가 어려워요.

그래서 모든 사람들이 먹고 살기 위해 열심히 일하는 거랍니다.

✓ "입이 포도청"과 같아요.

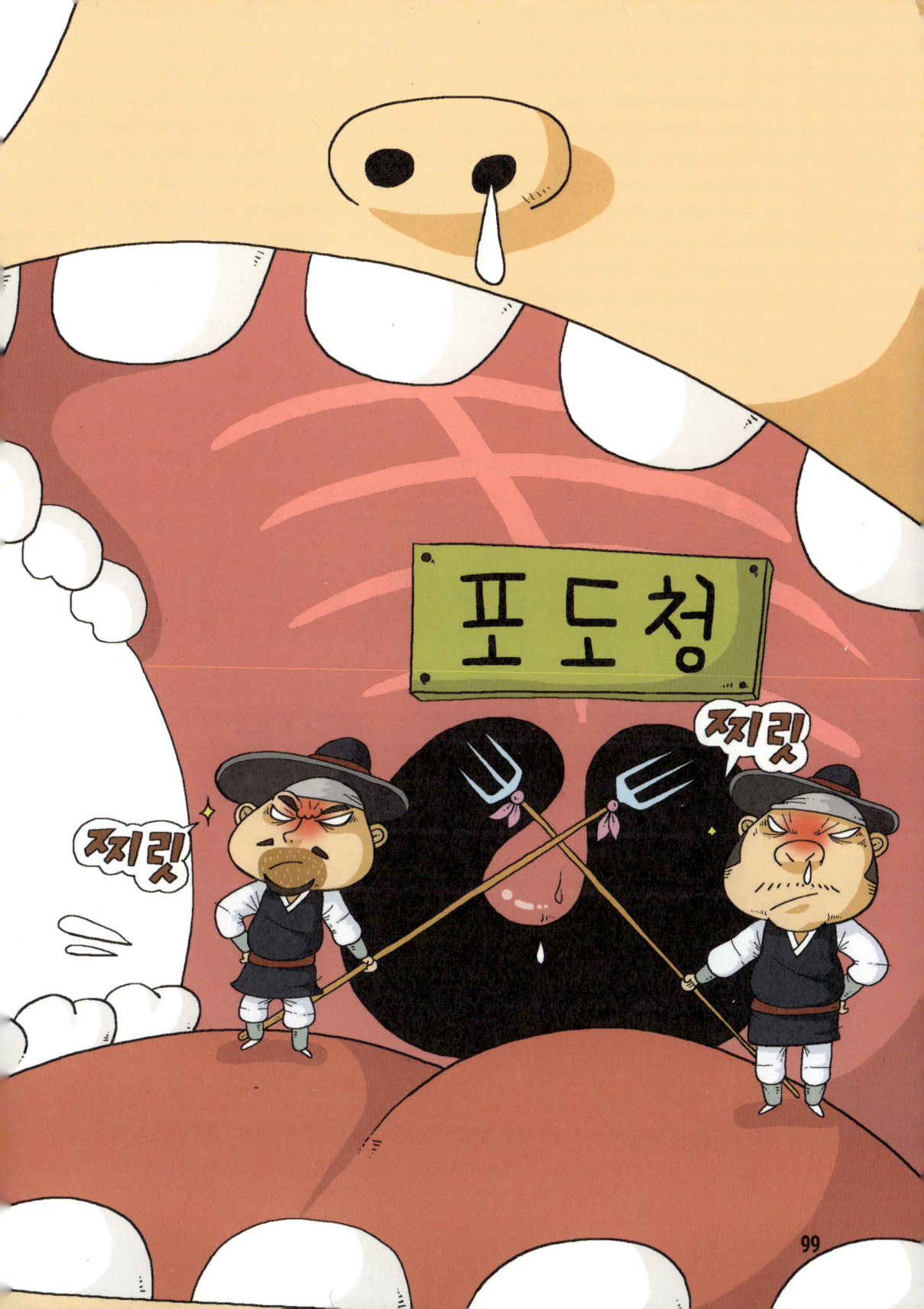

047 목마른 놈이 우물 판다

점심을 먹었는데도 이상하게 자꾸만 배에서 꼬르륵 소리가 나요.

꼬불꼬불 맛있는 라면이 눈앞에 아른거려요.

"엄마, 라면 끓여주시면 안 돼요?"

"엄마 지금 나가야 해서 시간이 없는데, 나중에 끓여줄게."

외출 준비로 바쁜 엄마에게 고집을 부릴 수는 없고, 그러니 나중에 먹어야지 하며 책을 꺼내들었어요.

그런데 어쩌죠? 꾹 참아 보려 해도 자꾸만 책 속에 라면이 나타나요.

"좋아, 내가 끓여 먹으면 되지, 뭐."

라면 끓이는 영상을 찾아보고 물의 양도 맞추고 시간도 재어 가며 보글보글 라면을 끓였어요. 처음 끓였는데도 큰 실수 없이 잘했지요.

"목마른 사람이 우물을 판다더니, 잘 끓였네!"

후루룩 맛있게 먹고 있으니 엄마가 기특해 하며 머리를 쓰다듬어 주었어요.

맞아요. 목마른 사람이 급하면 직접 우물을 파듯이, 무엇이든지 절실히 필요한 사람이 그 일을 서둘러서 시작하는 법이지요.

> ✅ "갑갑한 놈이 송사한다."와 같아요. '송사'는 오늘날의 소송과 같은 말이에요.

048 못 먹는 감 찔러나 본다

아주 심술쟁이 영감이 있었어요.

어찌나 심통스러운지 남이 잘되는 건 배가 아파서 견딜 수가 없었어요.

어느 날, 길을 걸어가는데 아주 귀해 보이는 책 한 권이 떨어져 있었어요. 심술쟁이 영감은 책을 들고 이리저리 살폈어요. 하지만 글을 모르니 뭘 읽을 수가 있어야지요.

'이걸 뒷집 김 영감이 주워다 읽으면 더욱 똑똑해지겠지. 옳지! 그럴 바엔 불쏘시개나 하는 게 낫지.'

심술쟁이 영감은 책을 들고 경중경중 집으로 갔어요.

이처럼 남이 잘되는 꼴을 못 보고, 제 것이 안 될 바에야 남도 갖지 못하게 하는 심술보가 있답니다.

이런 사람의 행동을 빗대어 "못 먹는 감 찔러나 본다."라는 말을 했어요.

남의 집 감나무에 먹음직스럽게 달린 감을 보고 괜히 심술이 나서, 꼬챙이로 마구 찔러 대는 고약한 사람이지요.

나도 못 먹고 남도 못 먹게 말이에요.

✅ "못 먹는 밥에 재 집어넣기", "못 먹는 호박 찔러 보는 심사"와 같아요.

➕ 남이 잘되는 걸 배 아파하면 내 일도 잘 안 풀리는 경우가 많아요.

103

049 못된 송아지 엉덩이에 뿔이 난다

어느 마을에 어린 송아지가 한 마리 있었어요.

얼마나 개구쟁이인지 온 동네를 휘젓고 다니며 말썽을 부렸어요. 말리려고 널어놓은 고추를 헤집어 놓고, 장독대에 있는 항아리들도 죄다 깨 놓고 말이에요.

"아휴, 못된 송아지 엉덩이에 뿔이 난다더니!"

"안 되겠군."

사람들은 송아지를 붙잡아다 꽁꽁 묶어 놓았어요. 송아지는 음매음매 울며 발버둥을 쳤지만, 이미 소용없는 일이었어요.

사실 소의 뿔은 정수리에서 나야 하지요. 그런데 못된 소는 뿔마저 돼먹지 못하게 엉덩이에 난다고 꾸짖는 거예요. 그래서 돼먹지 못한 사람이 자꾸 엇나가는 짓을 할 때, 그걸 빗대어 "못된 송아지 엉덩이에 뿔이 난다."라는 말을 해요.

이 말은 비뚤어진 마음을 다잡고 바르게 살아야 한다는 교훈을 전하고 있어요.

아무리 장난꾸러기라도 잘못을 깨닫고 고치면 멋진 소로 자랄 수 있답니다.

우리도 잘못된 행동을 자꾸 되풀이 말고 바르게 자라야겠지요.

엉덩이에 뿔 난 송아지가 안 되려면 어른 말씀을 잘 들어야겠지요?

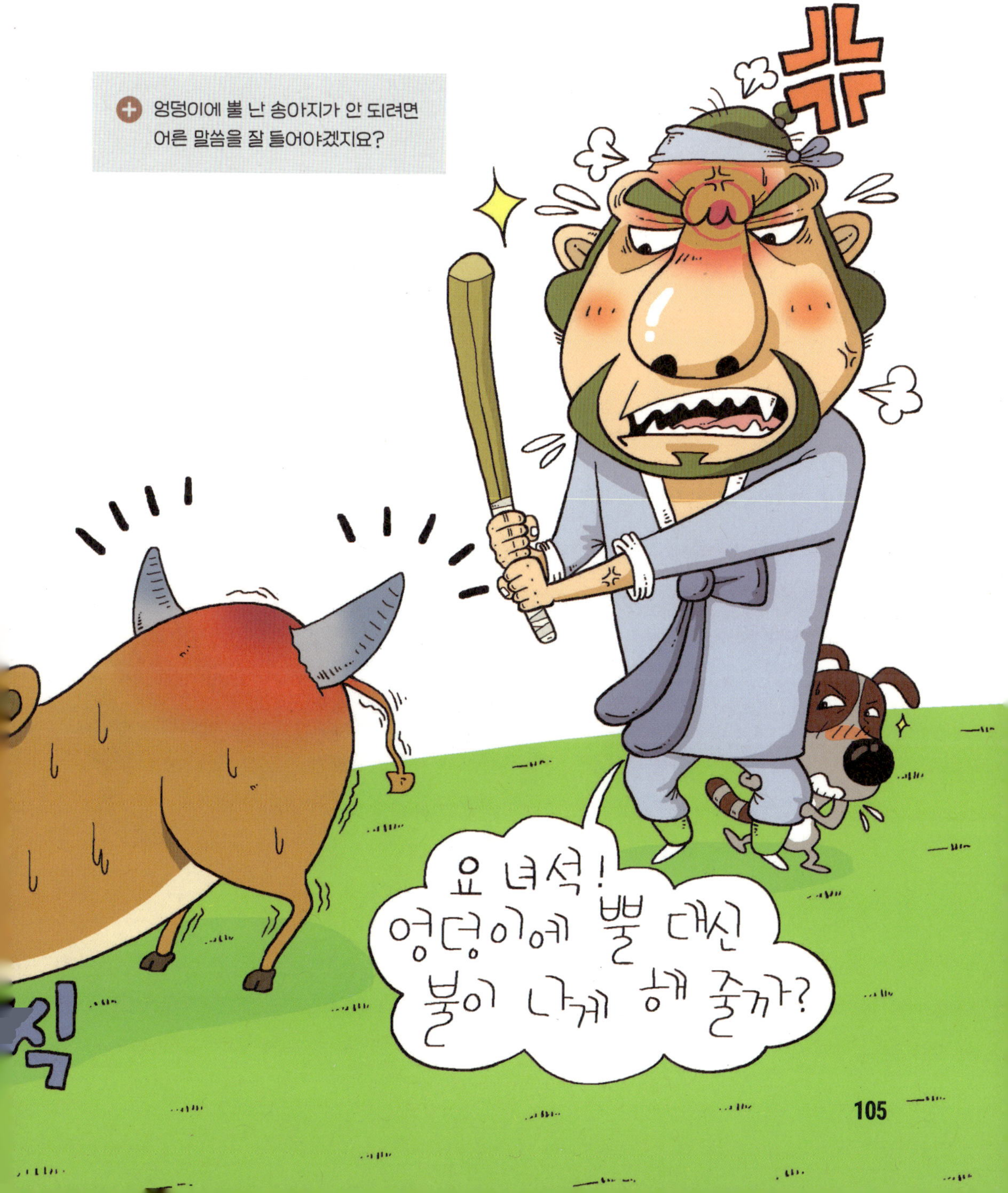

050 미운 아이 떡 하나 더 준다

우리나라 속담에는 슬기로운 지혜가 담긴 말이 참 많아요.
"미운 아이 떡 하나 더 준다."도 그중 하나이지요.
어떻게 하는 짓마다 심술꾸러기, 말썽꾸러기, 장난꾸러기인 아이에게 떡 하나를 더 준다고요? 생각 의자에 앉혀도 모자랄 판에 말이에요.
하지만 밉다고 자꾸 야단치고, 보기 싫다고 내쳐 버리면 그 아이는 어떻게 될까요? 마음에 상처를 받고, 오히려 더 미운 짓을 하게 될 거예요.
아직 감정 표현이 서툴수록 다른 사람 눈에는 미운 행동으로 비칠 때가 많답니다. 그렇기에 화를 내거나 혼을 내기보다는 조곤조곤 타이르며 올바르게 알려 주어야 하지요. 누군가 엇나갈수록 부드럽게 감싸 주고 따뜻하게 안아 주면, 꽁꽁 얼었던 마음이 봄눈처럼 사르르 녹을 거예요.
혹시 내 옆에 미운 사람이 있나요? 그렇다면 얼른 떡 하나 더 내어 주세요.

깊은 산속에서 나무꾼이 나무를 하고 있어요.

땀을 뻘뻘 흘리며 쾅쾅 도끼질을 했어요. 나무꾼과 도끼는 손발이 척척 맞았지

요. 오래전부터 나무꾼 손에 익은 도끼거든요.

그런데 어느 날, 아차 하는 사이에 도끼가 미끄러지더니 나무꾼의 발등으로 떨

어지고 말았어요.

"아얏, 어째 이런 일이!"

나무꾼은 발등을 크게 다쳐 원망스러운 듯 도끼를 쳐다봤어요.

날이면 날마다 쓰던 도끼에 발등을 찍힐 줄은 미처 몰랐거든요.

이처럼 철썩같이 믿은 사람한테 배신을 당했을 때나, 꼭 이뤄지리라 믿은 일이

어긋났을 때, "믿는 도끼에 발등 찍힌다."라는 말을 써요.

게임기를 사 준다며 큰소리를 탕탕 치던 아빠가

약속을 안 지켰을 때, 비밀이라며 신신당부

했는데도 친구가 다른 친구에게 그 비밀을

마구 떠벌렸을 때도 쓸 수 있지요.

 "믿었던 돌에 발부리 채었다."와 같아요.

052 밑 빠진 독에 물 붓기

게으름뱅이 아들 하나가 있어요.

취업을 할 나이가 지났는데도 부모의 집에서 매일 게임만 하며 살았지요. 보다 못한 부모가 땅을 팔아 카페를 차려 주었어요. 그런데 몇 달이 채 되지 않아 홀랑 말아먹고 말았어요. 빈둥빈둥 놀고, 툭 하면 가게 문을 열지 않으니 장사가 잘될 리 없지요.

그렇게 또 몇 달을 놀고 있으니 부모는 보다 못해 이번에는 집을 팔아 음식점을 차려 주었어요. 하지만 이번에도 마찬가지였어요.

"아이고, 밑 빠진 독에 물 붓기가 따로 없구나."

부모는 이제 더 이상 도와줄 재산이 남아 있지 않았어요.

'독'은 배가 불룩한 항아리를 말해요. 수도가 없던 옛날에는 부엌에 두고 물을 담는 데 사용했지요. 그런데 밑이 빠진 독에 자꾸만 물을 길어다 부으면 무슨 소용이 있을까요?

밑이 빠졌으니 아무리 물을 부어도 독에 물이 채워질 리 없지요. 그래서 힘이나 밑천을 들여도 아무 보람이 없을 때 "밑 빠진 독에 물 붓기"라는 말을 쓴답니다.

➕ 엄마, 아빠는 여러분을 위해 많은 걸 주고 계세요.
그런데 밑 빠진 독처럼 줄줄 새어 나가게 하면 안 되겠지요?

111

053 바늘 가는 데 실 간다

바느질할 때는 바늘과 실이 꼭 있어야 해요. 어느 것 하나라도 없으면 바느질을 할 수 없어요. 바늘이 먼저 옷감을 뜨면, 실이 그 뒤를 줄줄 따라가는 거지요. 그래서 단짝 친구가 날마다 정답게 다니는 걸 보고 어른들은 이렇게 말해요.

"그렇지. 바늘 가는 데 실 가야지!"

이제 막 결혼한 신혼부부가 어디든 같이 다니는 걸 봐도 마찬가지예요.

"암, 바늘 가는 데 실 가는 거지!"

이렇게 "바늘 가는 데 실 간다."라는 말은 아주 가까운 사이는 서로 떨어지지 않고 늘 따라다닌다는 뜻이에요. 그만큼 관계가 매우 친밀하다는 것이지요. 만약 바늘은 가는데 실은 안 가면 어떨까요? 바느질이 되지 않겠지요.

뭐든지 함께 했던 친구가 멀리 이사를 가 버렸다
든가, 날마다 쫄랑쫄랑 내 뒤를 따라다니던 강아지
가 어디로 사라져 버렸다면 어떨까요?
그럼 홀로 남은 것 같은 기분에 매우 안타깝고 한
동안 아무것도 할 수 없을 거예요.

✔ '부창부수(夫唱婦隨)'라는 사자성어와 비슷해요.
　남편이 노래하고 아내가 따른다는 뜻이에요.

➕ 내 가까이에 있는 사람들의 소중함을 잊지 마세요.

054 바늘 도둑이 소도둑 된다

초등학교 앞에 아이스크림이나, 사탕, 과자를 파는 무인 가게가 있어요.

그런데 한 아이가 주인 몰래 막대사탕 한 개를 훔쳤어요. 다음날에는 아이스크림을, 그 다음날에는 과자를 훔쳤지요.

그러던 어느 날, 카메라로 가게 안을 지켜보던 주인이 그 광경을 목격했지요.

"아무래도 안 되겠구나. 경찰서에 가자!"

주인은 당장 가게로 달려가 아이를 붙잡고 무섭게 야단쳤어요.

아이는 눈물을 뚝뚝 흘리며 잘못을 빌었어요.

"이번 한 번만 봐주마. 하지만 또 물건을 훔친다면 그땐 경찰서로 갈 거야. 이런 짓을 자꾸 하다 보면 바늘 도둑이 소도둑 되는 법이다."

주인은 아이를 타일렀어요.

바늘 주머니에서 바늘 하나 훔치던 나쁜 버릇을 바로 잡지 않으면, 점점 커져 언젠가는 소까지 훔치게 된다는 사실을 아이한테 알려 준 거예요.

이렇듯 안 좋은 버릇이나 행동을 빨리 잡지 않으면 고치기가 매우 어렵답니다.

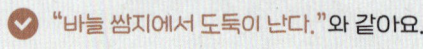 "바늘 쌈지에서 도둑이 난다."와 같아요.

055 바늘로 찔러도 피 한 방울 안 난다

아주 돈이 많은 부자가 있었어요.
어릴 적부터 하도 가난해서 악착같이 돈을 모으며 살았지요. 으리으리한 집이
며 빌딩도 있고, 금고에는 돈이며 보석도 아주 많았어요.
하루는 가난한 친척이 찾아와 울먹이며 말했어요.
"저희 아이가 아파서 수술을 받아야 해요. 죄송하지만 돈 좀 빌려 주세요."
"아니, 여태 어떻게 살았기에 그만한 돈 하나 모아 놓지 못한 거요? 피땀 흘려
모은 내 돈을 내줄 수 없소!"
부자는 버럭 화를 냈어요.
"내가 잘못 찾아왔구나. 바늘로 찔
러도 피 한 방울 안 나올 사람인
줄 모르고……."
가난한 친척은 눈물을 흘리며
돌아갔어요.

보통 사람이라면 바늘에 콕 찔렸을 때 피가 나겠지요? 그러나 이처럼 자기 것이 아까워서 벌벌 떨고 냉정한 사람을 이를 때 "바늘로 찔러도 피 한 방울 안 난다."라고 표현해요. 지독한 구두쇠 혹은 다른 사람의 일에 눈꼽만큼도 동정심이 없는 사람을 빗대어 하는 말이지요.

✓ "앉은 자리에 풀도 안 나겠다."와 같아요.
사람이 너무 쌀쌀맞고 매서울 만큼 차갑다는 뜻이에요.

117

056 바늘방석에 앉은 것 같다

영구야, 나와서 밥 먹어라.

어떤 아이가 엄마, 아빠, 동생과 함께 저녁을 먹고 있어요.
오늘따라 좋아하는 반찬으로 가득했지요.
하지만 그 아이는 도무지 입맛이 없었어요.
방금 몰래 게임을 하다가 휴대폰을 떨어뜨렸거든요. 화면에
긴 줄이 하나 생기더니 점점 까맣게 변했지요.
'보나 마나 고장 났을 거야.'
엄마가 알면 어쩌나 겁이 더럭 났어요.
즐겁고 행복해야 할 저녁 식사 자리가 불편하고 거북했어요.
이렇게 무언가 잘못한 일이 있어 마음이 불편할 때 "바늘방석에 앉은 것 같다."
라고 말해요. 뾰족한 바늘로 가득한 방석이라니, 생각만 해도 무섭고 엉덩이가
따갑고 불편하겠지요?
친구와 다투다가 선생님한테 불려 가도 마찬가지일 거예요.
야단맞을까 봐 가슴이 두근거리고 마음이 불편하지요. 그러니 처음부터 아예
괜한 걱정을 만들지 않는 것이 가장 좋겠지요? 잘못을 했을 때도 빨리빨리 털어
놓는 게 속 편하고 말이에요.

➕ '바늘방석'보다 '꽃방석'에 앉은 듯 기분 좋은 일만 있으면 정말 좋을 거예요.

119

057 발 없는 말이 천 리 간다

'천 리'는 굉장히 먼 거리예요.

일 리가 400미터, 천 리는 400킬로미터로 거의 서울에서 부산까지의 거리지요. 그런데 사람들이 주고받는 말이 날개도 발도 없는데 그렇게 멀리까지 간다니 어떻게 그런 일이 가능할까요? 옛날에는 지금처럼 인터넷도 없던 시절인데 말이에요.

"발 없는 말이 천 리 간다."라는 속담은 그만큼 말이 빠르게 퍼져 나가니 말조심해야 한다는 뜻이에요. 친구랑 둘이 소곤소곤 주고받은 말이 금방 다른 친구의 귀에 들어가고, 또 다른 친구의 귀에 들어가고……. 우리 반에서만 속닥거렸던 소문이 학교 전체로 퍼지는 것도 금방이지요.

오래전, 임금님의 머리를 손질하던 이발사가 임금님 귀가 당나귀 귀라는 사실을 알고는, 참다못해 산에 올라가서 "임금님 귀는 당나귀 귀!"라고 외쳤어요. 듣는 사람이 아무도 없었는데도 그 말은 점점 퍼져 나갔고, 결국 온 도성 사람들이 다 알게 되더니, 임금님 귀에까지 들어갔지요.

이처럼 비밀은 특히 더 빨리 퍼져 나간다고 하니 더 조심해야 한답니다.

"낮말은 새가 듣고 밤말은 쥐가 듣는다."와 비슷해요.
서양 속담에 "주전자에도 귀가 있다."라는 말도 있고요.

남을 흉보거나 헐뜯는 말은 되도록 하지 않는 게 좋아요.

058 방귀 뀐 놈이 성낸다

참 이상해요.

"뿡, 뿡!"

방귀를 뀌고 나면 왜 그리 무안한지 몰라요.

아마 뿡 소리도 요란하고, 냄새도 나기 때문에 그럴 거예요.

그래서 어느 때는 자기가 방귀를 뀌고도 시치미를 떼는 사람이 있어요.

"아휴, 냄새! 너, 지금 방귀 뀌었지?"

"뭐? 내가 언제! 네가 뀐 거 아냐?"

누가 물으면 이렇게 펄쩍 뛰며 되레 화를 내는 거예요.

이처럼 자기가 잘못을 해 놓고도 도리어 남에게 마구 화를 내는 사람이 있어요.

"나 원 참, 방귀 뀐 놈이 성낸다더니!"

상대방은 어이가 없어서 혀를 끌끌 찰 수밖에 없지요.

그래서 자기가 잘못을 해 놓고도 되레 성내는 사람을 보면 "방귀 뀐 놈이 성낸 다."라고 말해요.

➕ 자기가 잘못해 놓고 괜히 생사람 잡으면 안 되겠지요?

059 백지장도 맞들면 낫다

'백지장'은 낱장으로 된 하얀 종이를 말해요. 도화지만 한 작은 종이 한 장이에요. 이처럼 가벼운 백지장도 맞들면 낫다고요?

그건 아무리 하찮은 일이라도 서로 힘을 합하면 한결 쉽게 끝낼 수 있다는 뜻이에요.

옆집 할머니가 장바구니를 들고 갈 때, 친구가 무거운 자전거를 들고 헉헉대며 층계를 올라갈 때, 다리를 다친 친구가 절뚝절뚝 걸어갈 때, 어린 동생이 낑낑대며 무거운 의자를 들고 갈 때, 엄마가 재활용 쓰레기를 버리러 갈 때 등 언제 어디서나 얼른 달려가 도와주는 것 말이에요.

그뿐 아니에요. 혼자 풀기 어려운 퍼즐을 친구랑 머리를 맞대고 풀 때도, 같은
팀끼리 힘을 합해 축구 시합을 할 때도 마찬가지예요.
"백지장도 맞들면 낫다."라는 말처럼 나 혼자만 잘났다고 우쭐대는
것보다는 함께 힘과 지혜를 모으면 무슨 일이든지 거뜬히 해낼 수 있어요.

✓ "동냥자루도 마주 벌려야 들어간다."와 같아요.

060 벼 이삭은 익을수록 고개를 숙인다

가을이 되면 온 세상이 울긋불긋 아름답게 물들어요.

한여름 내내 초록 빛깔이 넘실대던 너른 논에도 노란빛이 가득해요. 잘 여문 벼 이삭 사이를 메뚜기들이 폴짝폴짝 뛰어다니고요. 허수아비는 팔 아픈 줄도 모른 채 참새 떼와 실랑이를 벌이지요. 잘 여문 벼 이삭은 고개를 숙인 채 살랑살랑 춤을 추고요. 정말 평화로운 가을 풍경이지요?

벼는 이삭이 여물기 시작할 때는 꼿꼿이 서 있답니다. 그러다가 이삭이 노랗게 익어 가는 가을이 되면 고개를 푹 숙이고 있어요.

이걸 보며 옛사람들은 커다란 교훈을 얻었어요.

벼 이삭이 익어 갈 때 고개를 숙이듯이, 지위가 높아질수록 더욱더 겸손해야겠구나 하고요. 그러나 대부분 사람들은 지위가 높아질수록 고개를 빳빳이 쳐들고 남들이 떠받들어 주길 바란답니다.

이때 우리는 "벼 이삭은 익을수록 고개를 숙인다."라는 말을 떠올려야 해요. 자신의 꿈과 이상을 향해서는 고개를 한껏 쳐들지만, 한편으로는 언제나 나를 낮출 줄 아는 벼의 모습을 닮아야 해요.

반대의 뜻으로, "빈 수레가 요란하다."라는 속담이 있어요. 내실 없는 사람이 겉으로 더 떠들어 댄다는 의미예요.

061 변덕이 죽 끓듯 한다

혹시 죽을 끓이는 걸 본 적이 있나요?
쌀을 불린 다음, 냄비에 담고 물을 넉넉하게 부어 은근
히 끓이는 거예요. 참치를 넣으면 참치죽, 전복을
썰어 넣으면 전복죽이 되는 거지요.
그런데 죽이 팔팔 끓을 때 보면, 보글보글 거
품이 여기저기서 올라와요.
거품이 어찌나 힘이 센지 냄비 뚜껑을 닫지
않으면 마구 밖으로 튀어 오르지요.
그래서 옛사람들은 사람 마음이나 행동이 이랬
다저랬다 자꾸 변하는 걸 빗대어
"변덕이 죽 끓듯 한다."라는 말을 했어요.

안녕~!

안녕,
친구들 ♥

생글생글 웃다가 언제 그랬냐는 듯 버럭 화를 내고, 재미있게 놀다가 괜히 훌쩍훌쩍 울고, 이래도 투정, 저래도 투정만 부리는 변덕이 심한 사람을 보면 같이 놀기 겁이 나지요.
언제 불똥이 나에게 튈지 모르거든요.

✓ **"칠팔월 수숫잎"**은 마음을 정하지 못하고 이랬다저랬다 하는 사람을 이르는 말이에요.

➕ 변덕쟁이에게 가장 필요한 건 차분함과 느긋함이겠지요?

062 보고 못 먹는 것은 그림의 떡

해외여행을 다녀온 이모가 생일 선물로 한정판 운동화를 사왔어요.
"우아, 신난다!"
아이는 기뻐하며 얼른 포장을 풀고 운동화를 꺼냈어요.
좋아하는 캐릭터가 붙어 있는 멋진 신발이에요.

친구들에게 자랑하고 싶은 마음에 당장이라도 신고 나가고 싶었지요.

신나서 신었는데, 저런 어쩌면 좋아요. 운동화가 발에 맞지 않는 거예요.

이모가 발 치수를 잘못 알고 사온 거예요.

"어쩌지? 그림의 떡이구나."

선물을 사온 이모는 미안해서 어쩔 줄 몰라 했어요.

먹음직스러운 음식이 차려진 생일상을 앞에 두고도 배탈이 나서 아무것도 먹을 수 없을 때도 마찬가지예요.

아무리 진수성찬이 눈앞에 있어도 먹을 수 없으니 그림의 떡일 수밖에요.

이처럼 "보고 못 먹는 것은 그림의 떡"이란 아무 실속이 없는 걸 빗대어 이르는 말이에요.

➕ 이왕이면 진짜 떡을 먹을 수 있도록 미리미리 준비를 해야겠지요?

063 불난 집에 부채질한다

어느 집에 두 자매가 있었어요.

언니는 장난꾸러기에다 늘 밖에 나가 놀기를 좋아했어요.

동생은 얌전하고 엄마 말도 잘 들었고요.

하루는 언니가 엄마한테 잔뜩 꾸중을 들었어요. 엄마 몰래 학원을 빼먹고 친구랑 놀았거든요.

"엄마, 다시는 안 그럴게요."

언니는 싹싹 빌었지요.

그때 동생이 엄마에게 일러바쳤어요.

"엄마, 언니가 용돈 다 썼다고 저한테 돈 빌려 달라고도 했어요."

'아니, 쟤가 지금 불난 집에 부채질하고 있네!'

언니는 옆으로 눈을 흘겨 동생을 봤어요.

마치 불이 활활 타고 있는 집에 대고 부채질을 해서 불이 더욱 번지듯이, 잘못한 일을 하나 더 보태 준 동생이 너무 얄미웠거든요.

이렇듯 어려운 처지에 놓인 사람을 돕기는커녕, 오히려 상황을 더 나쁘게 만들 때 쓰는 표현이에요.

> ✔ "불난 데 풀무질한다."와 같아요.
> 풀무는 불을 피울 때 바람을 일으키는 기구랍니다.

133

064 뿌린 대로 거둔다

땅은 참 신기해요.

고구마를 심으면 고구마가 나고요, 감자를 심으면 감자가 나요.

배추 씨앗을 심으면 배추가 자라고요, 무 씨앗을 뿌리면 무가 자라거든요.

뭐든지 씨앗을 심고 뿌리기만 하면 무럭무럭 자라나지요.

하지만 아무리 훌륭한 농부도 씨앗을 뿌리지 않으면 어떻게 될까요?

그럼 고구마 한 개, 배추 한 포기, 감자 한 개 얻지 못할 거예요.

사람도 마찬가지랍니다.

무언가 자신의 꿈을 이루려면 제일 먼저 씨앗을 뿌려야 해요.

씨앗을 뿌리고, 그 씨앗을 정성껏 돌봐야 원하던 꿈의 열매를 얻을 수 있어요.

뿌린 대로 거두는 게 땅의 법칙인 것처럼 살아가는 일도 마찬가지거든요.

이처럼 "뿌린 대로 거둔다"는 말은 무엇이든지 시작해야 그 결과를 거둘 수 있고, 또 꾸준히 노력해야 된다는 의미를 담고 있답니다.

➕ 씨앗을 뿌리지도 않고 열매만 거두려는 사람은 놀부와 같은 심보예요.

065 사공이 많으면 배가 산으로 간다

식구들이 모처럼 여름휴가를 가려고 모였어요.

"난 시원한 계곡에 가고 싶구나."

"난 풀장이 좋은데."

"아니야, 난 놀이공원!"

"아니야, 난 동물원이 더 좋아!"

식구들은 저마다 가고 싶은 곳이 다 달랐어요.

그래서 날짜는 다가오는데 좀처럼 결정을 하지 못했어요.

"이런, 사공이 많으면 배가 산으로 간다더니!"

무슨 일을 할 때 이렇게 여러 사람이 자기주장만 내세우는 걸 보고 "사공이 많으면 배가 산으로 간다."라는 말을 했어요.

사공은 배를 조종하는 사람을 뜻해요. 그런데 배를 몰고 나가는데 이 사람은 이 방향, 저 사람은 저 방향으로 가자고 주장하면 어떻게 될까요?

배가 가야 할 곳으로 못 가고 엉뚱하게 산으로 가게 되는 거지요. 이처럼 여러 사람이 자기주장만 내세우면 일을 제대로 이루기가 어려워요. 그래서 어떤 중요한 일을 할 때는 전체 일을 지휘하는 확실한 '사공'이 필요하답니다.

그리고 이 '사공'은 주변 사람의 말에 휘둘리지 말고 묵묵히 목적지를 향해 노를 저어야지요.

"상좌가 많으면 가마솥을 깨뜨린다."와 같아요. 뚜렷한 책임자 없이 여러 사람이 간섭을 하면 일을 그르치기 쉽다는 뜻이에요.

066 생일날 잘 먹으려고 이레를 굶는다

옛날에는 먹을 게 귀해서 명절이나 생일 때 아니면 고깃국을 먹지 못했어요.
맛있는 떡이며 전, 잡채 같이 손이 많이 가는 음식도 마찬가지예요.
그러니 누군가의 생일이 다가올수록 기대가 커지지요. 그런데 아직 생일이 며칠이나 남았는데도 밥상이 썰렁하기만 해요.
"애걔, 반찬이 이게 전부예요?"

"할머니 생신 때 잘 먹을 텐데 뭘 그러니?"

어른들은 밥 투정 하는 아이들을 나무라며 말했어요.

"네에? 할머니 생신은 아직 일곱 밤이나 남았는데요?"

아이들은 눈이 휘둥그레졌어요.

그야말로 "생일날 잘 먹으려고 이레를 굶는다."라는 말이 꼭 맞는 상황이지요.

이레는 일곱 날을 뜻하니까, 생일 전 일주일을 굶는다는 말이에요.

하지만 하루 잘 먹겠다고 일주일이나 굶으면 큰일나겠지요?

그러니까 어떻게 될지도 모를 앞일을 미리부터 지나치게 기대한 나머지 현재
일을 소홀히 하면 안 된답니다.

➕ 너무 큰 기대를 하면 그만큼 실망도 커질 수 있어요.

067 세 살 버릇이 여든까지 간다

사람의 버릇은 참 고치기 힘들어요.

특히 나쁜 버릇은 더욱더 그렇답니다.

코 후비기, 손가락 빨기, 손톱 뜯기, 머리 긁기, 밥 알 흘리기, 친구들 흉보기, 양말 아무 데나 막 벗어 놓기, 휴지 아무 데나 버리기, 엎드려서 휴대폰 보기, 편식하기 등 이루 말할 수 없어요.

그런데 놀라운 사실이 하나 있어요.

이런 나쁜 버릇 대부분이 어린 시절에 시작되어 어른이 될 때까지 이어진다는 거예요.

그래서 "세 살 버릇 여든까지 간다."라는 속담이 생긴 거랍니다.

왜 하필이면 '세 살'일까요?

전문가들에 따르면, 사람의 성격과 습관은 유아기 때 이미 큰 틀이 잡히고, 이후에도 쉽게 변하지 않는다고 해요. 그래서 어린 시절에 올바른 습관과 태도를 기르는 게 아주 중요하지요.

혹시 지금 아무 데서나 코를 후비고 있나요?

그럼 안 봐도 뻔해요. 나이가 들어 할머니, 할아버지가 되어서도 여전히 코를 후빌 수 있답니다.

어릴 때 생긴 나쁜 버릇은 고치기 어려우니, 미리 좋은 습관을 들이도록 노력해야겠지요?

✅ "제 버릇 개 줄까."와 같아요.

➕ 습관이나 버릇은 제2의 천성이라고 해요.
그러니 어릴 적부터 좋은 습관을 기르도록 힘써요.

068 소 잃고 외양간 고친다

외양간은 말이나 소를 기르는 곳을 말해요. 대부분 널빤지나 얇은 나뭇가지를 엮어 울타리를 만들기 때문에 겉보기에는 매우 허술해요. 그러다 보니 가끔 소를 도둑맞을 때가 있어요.

"아이고, 이런!"

소 주인은 소를 도둑맞은 후에야 부랴부랴 외양간을 튼튼하게 고쳤어요. 하지만 이미 소는 사라졌고, 뒤늦게 튼튼하게 고쳤지만 소용없는 일이지요. 미리미리 손을 봐 두었더라면 귀한 소를 도둑맞지 않았을 텐데요.

우리나라 국보 제1호인 숭례문도 마찬가지예요.

지난 2008년, 600여 년 동안 나라의 얼굴 노릇을 하던 국보 숭례문에
불이 났어요. 한 사람이 나쁜 마음을 먹고 불을 지른 것이었지요.
사람들은 발을 동동 구르며 마음을 졸이고, 소방관들이 급히 출동하여
불을 끄려 했지만 소용없었어요. 아름다운 처마 지붕이며 기왓장도 다
타 버리고, 기둥도 숯덩이가 되고 말았거든요.
"진작 방재 시설을 마련했더라면!"
사람들은 숭례문처럼 귀중한 문화재를 제대로 지키지 못한 것을 한탄했
어요. 그리고 뒤늦게 예기치 못한 사고로부터 문화재를 보호하는 방법을
의논했어요.
그야말로 "소 잃고 외양간 고친다."라는 말이 딱 들어맞는
꼴이지요.

> ✔ 중국 속담의 "망양보뢰(亡羊補牢)"와 같아요.
> 양 잃고 외양간 고친다는 뜻이에요.
> 죽은 후에 약을 처방해도 소용없다는
> "사후약방문(死後藥方文)"도 같은 뜻이고요.

069 소귀에 경 읽기

이 세상에는 아무리 해도 안 되는 일이 있답니다.
황소에게 아무리 글을 읽어 줘도 알아듣지 못하는 것처럼 말이에요.
그저 순한 눈만 끔벅끔벅하며 '대체 저 주인이 무슨 말을 하는 거지?' 하고 쳐다
만 보겠지요. 그러다가도 엉뚱하게 음매음매 울기나 하고요.
오죽하면 "쇠귀에 경 읽기"라는 말이 생겼을까요?
소에게 아무리 가르치고 일러 주어도 알아듣지 못하니, 헛된 일에 힘을 쏟지 말
라는 뜻이에요.
간혹 알아듣기는 해도 이를 따르지 않는 경우에도 쓰고요.

"밖에 나갔다 들어오면 꼭 손부터 씻어라."

"시금치나 당근도 먹어야 해."

엄마가 아무리 잔소리를 해도 들은 척하지 않는 아이에겐 정말 "쇠귀에 경 읽기"라는 표현이 딱 어울리겠지요.

✔ 같은 뜻의 사자성어로 '우이독경(牛耳讀經)'이라고 해요.
"쇠코에 경 읽기"라는 재미난 속담도 있어요.

070 소뿔도 단김에 빼라

황소는 아주 크고 우직해요.

하지만 한번 화가 나면 단단한 뿔로 사람을 들이 받을 때가 있어요.

"아이코, 이놈의 황소!"

황소를 데리고 농사를 짓던 농부가 하마터면 다칠 뻔했어요. 그래서 서둘러 쇠뿔을 빼곤 했지요. 이상하게도 황소는 뿔이 없으면 금방 순해져서 말을 잘 듣곤 하거든요.

그러나 든든하게 박힌 소의 뿔을 뽑는 건 정말 어려운 일이에요.

어설프게 쇠뿔을 뽑으려 했다간 되레 다칠 수가 있거든요.

그러니 불에 달군 쇠로 뿔 아랫부분을 지진 다음, 뿔이 뜨거워졌을 때 얼른 빼내야만 해요. 괜히 미적거리다가 뿔이 식으면 소가 사납게 달려들거나, 뒷발질로 걷어찰지 모르니까요. 여기서 '단김에'는 뿔을 달군 김에 라는 의미예요.

그래서 무슨 일을 할 때도 망설이지 말고 단숨에 해야 한다는 뜻으로 "쇠뿔도 단김에 빼라."라는 말을 했어요.

➕ 무슨 일이든지 미적미적 미루다 보면 끝을 볼 수 없어요.

147

071 숭어가 뛰니까 망둥이도 뛴다

숭어와 망둥이는 바다에 살아요.
가끔 바다에 나가 보면 물고기들이 펄쩍펄쩍 위로 뛰어오르는 걸 볼 수 있어요.
바로 뛰는 걸 좋아하는 숭어랍니다. 숭어 비늘이 햇빛에 반짝이는 걸 보면 정말
아름답지요. 망둥이는 사실 바닷가 모래땅에 사는 물고기라 숭어처럼 잘 뛰지
를 못해요. 그런데도 숭어를 따라 뛴다니 얼마나
어설프겠어요.

사람들이 그 모습을 보며 "숭어가 뛰
니까 망둥이도 뛴다."라는 말을 했
어요.

자기 분수도 모른 채 남이 하는
대로 따라 하는 사람, 줏대 없이
남 흉내를 내는 사람의 행동을 빗
대어 한 말이지요.

자전거를 잘 못 타면서 남이 하는 묘기를 따라 하다가 쿵하고 넘어진 사람이나 부자 친구가 탄 비싼 자동차가 부럽다며 빚을 내어 똑같은 차를 산 사람 모두 다 '숭어가 뛰니까 망둥이도 뛰는' 격이지요.

✅ "뱁새가 황새를 따라가면 다리가 찢어진다."와 같아요.
➕ 남과 다른 나만의 생각이나 행동, 옷차림으로 자기 개성을 살리는 게 가장 멋진 일이에요.

072 식은죽먹기

식탁 위에 다 식은 죽 한 그릇이 놓여 있었어요.
"야아, 맛있겠다!"
한바탕 놀고 들어온 아이는 배가 고프던 참에 허겁지겁 먹었어요.
죽이 뜨거우면 입천장을 델까 봐 후후 불어 가며 먹었을 텐데, 식은 죽이니 걱정할 거 없이 맘 놓고 퍼먹은 거예요.
이처럼 무슨 일을 할 때 아무 거리낌 없이 쉽게 할 수 있는 일 혹은 자신있게 할 수 있는 일을 빗대어 "식은 죽 먹기"라고 해요.
"너 그 퍼즐 풀 수 있니?"
"그거야 식은 죽 먹기지."
친구가 물을 때 이렇게 자신 있게 대답하는 것처럼요.
하지만 나쁜 일을 '식은 죽 먹기'처럼 하는 사람도 있어요.
거짓말을 식은 죽 먹듯 하는 사람, 남의 흉을 식은 죽 먹듯 보는 사람……
이런 사람들은 식은 죽 대신 뜨거운 죽 맛을 봐야겠지요?

 "땅 짚고 헤엄치기"와 같아요.

151

073 아니 땐 굴뚝에 연기 날까

옛날에는 밥을 지을 때 땔감을 썼어요.

밥을 지으려고 아궁이에 불을 지피면 연기가 굴뚝으로 모락모락 피어올랐지요.

"아이, 따뜻해라!"

추운 겨울이면 아궁이 앞에 앉아 언 손을 녹이고, 맛있는 밤이나 고구마도 구워 먹곤 했지요.

그런데 누군가 불을 때지도 않았는데 굴뚝에서 연기가 날 수 있을까요?

그건 아니랍니다. 누군가 불을 땐 사람이 있으니 연기가 나는 것이지요. 방귀 뀐 사람이 있어야 구린 냄새가 나는 것처럼요.

그뿐 아니에요.

"나는 왜 이렇게 받아쓰기를 못하지?"

한 친구가 울상을 지으며 말했어요.

받아쓰기 연습은커녕 숙제도 하지 않고, 날마다 누워서 게임만 했던 건 도통 생각하지 않고 말이에요.

좋은 결과를 얻으려면 그걸 얻기 위해 노력하는 게 우선이랍니다.

> ✔ "아니 때린 장구 북소리 날까."와 같아요.

074 아이 보는 데는 찬물도 못 먹는다

오늘은 온 가족이 모여 함께 저녁을 먹는 날이에요.
상 위에는 갓 지은 밥과 맛있는 반찬이 한가득 차려져 있지요.
"와, 꿀맛이야!"
아이는 신이 나서 허겁지겁 음식을 먹었어요.
그때 할아버지가 엄마에게 말씀하셨어요.
"어멈아, 물 한 잔만 갖다 다오."
그 말은 들은 아이가 곧장 따라 했지요.
"엄마, 저도요!"

이 말을 들은 할아버지는 머리를 짚으면 말했어요.
"아이고, 아이 앞에서는 찬물도 못 마신다더니!"
이 말은 찬물을 마시는 것처럼 사소한 행동조
차 아이들이 보고 그대로 흉내 낼 수
있다는 뜻이에요.
그래서 아이 앞에서는 말과
행동을 더욱 조심해야 한다
는 교훈을 담고 있답니다.
특히 나쁜 말이나 행동은 따
라 하기가 훨씬 쉽기 때문에,
집에 어린아이가 있으면 어른들
이 스스로 더 조심해야 한다는 의미
로 자주 쓰는 속담이에요.

✅ "개가 개를 낳지."라는 말이 있어요.
　 못난 어버이에게서 못난 자식이 난다는 뜻이에요.

이가 아파서 쩔쩔매 본 적이 있나요?

욱신욱신 쑤셔서 밥도 먹을 수 없어요. 어느 때는 너무 아파 골이 찡하고 울리기도 하고, 엉엉 눈물이 나기도 해요.

그렇다고 치과에 가는 건 더욱더 무섭고요.

하지만 아무리 버둥대도 다른 방법이 없답니다. 눈 질끈 감고 치과에 가서 썩은 이를 빼는 수밖에요.

그러면 금방 몸과 마음이 날아갈 듯 가벼워지지요.

이처럼 하기 싫은 일, 힘든 일, 지겨운 일로 시간을 오래 끌게 되면 걱정거리가 끊이질 않아요. 그러다가 이 모든 일이 다 해결됐을 때 "앓던 이 빠진 것 같다." 라는 말을 쓴답니다.

말 그대로 걱정거리가 없어져서 후련하다는 뜻이에요.

숙제를 미루고 미루다가 마침내 다 끝냈을 때도 앓던 이가 빠진 것처럼 속 시원할 거예요. 밀린 수학이나 영어 학습지를 한꺼번에 다 해치웠을 때도 마찬가지고요.

➕ 걱정거리가 되는 일은 오래 붙잡고 있기보다 빨리 해결하는 것이 제일 좋은 방법이에요.

076 얌전한 고양이 부뚜막에 먼저 올라간다

소풍날 장기 자랑 시간이 다가왔어요.
여기저기서 떠들던 친구들의 소리가 잦아들더니 모두 눈이 휘둥그레졌어요.
평소에 얌전하기만 하던 친구가 무대 앞으로 걸어 나가고 있었거든요.
그 아이는 인기 가수의 노래에 맞춰 어려운 춤을 능숙하게 췄어요.
"우아!"
반 친구들은 환호성을 지르며 박수를 쳤어요.
"하하, 얌전한 고양이 부뚜막에 먼저 올라간다더니 정말 대단하구나!"
선생님도 함께 박수를 치며 칭찬해 주셨어요.
이처럼 겉으로는 얌전하고 소극적으로 보이지만, 정작 중요한
순간에 자기 실력을 뽐내는 사람을 두고 "얌전한 고양이 부
뚜막에 먼저 올라간다"라고 해요.
부뚜막은 예전에 솥을 걸어 음식을 하는 곳이니 아
무나 드나들 수 없고, 늘 먹을 것이 놓여 있던 소중
한 곳이지요.
이런 곳에 늘 얌전하기만 하던 고양이가 먼저
올라갔다는 건 어떤 의미일까요?

저길 어떻게 올라갔지?

얌전한 줄 알았던 고양이가 겉모습과 달리 기회를 놓치지 않고 실속을 챙기거나 예상 밖의 능력을 발휘한다는 뜻을 담고 있답니다.

➕ 평소에 조용하던 친구가 어떤 상황에서 자신의 매력을 뽐낼 때 정말 멋져 보여요.

077 어물전 망신은 꼴뚜기가 시킨다

시장에 가면 어물전이 있어요.

고등어, 갈치, 오징어와 같은 해산물을 파는 가게로 마트에 있는 해산물 코너와 비슷해요. 제철 생선을 쭉 늘어놓고 조개며, 게, 낙지도 놓여 있지요. 또 다른 한쪽에는 작고 볼품없는 꼴뚜기도 있어요. 생김새는 낙지나 오징어와 비슷하지만 그다지 인기가 없지요. 워낙 작아서 별로 먹을 게 없거든요.

이처럼 꼴뚜기의 초라한 모습 때문에 "어물전 망신은 꼴뚜기가 시킨다."라는 말이 나왔어요.

유치원이나 학교에서 영화를 보러 갔는데, 큰 소리로 옆에 있는 친구랑 이야기하는 아이가 있어요. 다른 친구들은 조용히 영화를 보고 있는데 말이에요. 또 다른 나라 미술관이나 박물관에서 큰 소리로 마구 떠들거나 낙서를 하는 우리나라 사람들도 있어요. 비행기 안에서 다른 사람들은 다 조용히 쉬고 있는데 여기저기 맨발로 돌아다니는 사람도 있고요.

이렇게 한 사람의 모자란 행동이나 모습이 주변 사람까지 망신시킬 때, 이 속담을 써요.

> ✅ "미꾸라지 한 마리가 온 웅덩이를 흐려 놓는다."와 같아요.
> ➕ 나 한 사람 때문에 같이 있는 친구들까지 창피를 당하면 안 되겠지요?

078 언발에오줌누기

한 아이가 길을 걸어가는데 운동화 밑창이 쩍 벌어졌어요.

걸을 때마다 철퍼덕철퍼덕 소리가 나요.

아이는 가방에서 풀을 꺼내어 운동화 밑창에 발랐어요.

하지만 웬걸, 몇 걸음 가지 않아 운동화 밑창이 또다시 떨어지고 말았어요.

다시 풀을 붙였지만 마찬가지였어요.

"하하, 언 발에 오줌 누기가 따로 없구나."

지나가는 아저씨가 그 모습을 보고 말했어요.

"언 발에 오줌 누기"라는 말은 말 그대로 꽁꽁 얼어붙은 발에 오줌을 누면 처음에는 따뜻하고 얼음이 녹는 것처럼 보이지만, 추운 날씨 탓에 오줌이 식으면 더욱 발이 꽁꽁 얼어붙는 것처럼 상황이 점점 더 나빠지는 걸 뜻해요.

갑자기 터진 일이라고 임시로 둘러맞추면 다시 또 틀어지게 돼요. 그러니 처음부터 단단하게 제대로 마무리를 해야 하지요.

오~ 따뜻한데?

졸 졸

➕ 순간을 모면하기 위한 방법을 찾기보다는 근본적인 해결책을 찾아야 해요.

163

079 엎어지면 코 닿을 데

새로 이사 온 아파트는 아주 넓고 깨끗해요.

가족들은 집안 곳곳을 둘러보며 마음에 쏙 들어 했지요. 게다가 위치까지 아주
좋았어요.

"세상에, 마트랑 지하철 역이 엎어지면 코 닿을 거리에 있다니!"

"아빠, 우리 학교도 그래!"

"내 유치원도!"

"와, 바로 앞에 공원도 있네."

온 가족이 새 아파트를 무척 마음에 들어 했어요.

사람이 앞으로 넘어질 때 가장 멀리 닿는 부분이 코예요. 그래서 어떤 장소가 아
주 가까울 때 "엎어지면 코 닿을 데"라는 표현을 쓰지요.

옛날에는 친척들이 모두 엎어지면 코 닿을 만큼 가까이 살곤 했어요.
하지만 요즈음은 교통이 발달해서 여기저기 뚝뚝 떨어져 사는 경우가 많아요.
예전처럼 할머니, 할아버지, 이모, 고모, 외삼촌이 가까이 산다면 참 좋을 텐데
요. 쪼르르 달려가 함께 놀 수도 있고, 맛있는 음식도 얻어먹고, 용돈도 자주 받
을 수 있을 테니까요.

✔ "눈에서 멀어지면 마음도 멀어진다."라는
서양 속담도 있어요. 그러니 좋은 사람들은
늘 가까이 있으면 좋겠지요?

080 오르지 못할 나무는 쳐다보지도 마라

어느 양반집에 머슴이 살았어요.

그 머슴은 주인아씨를 너무너무 좋아했어요. 나무를 하러 가면 꽃을 꺾어다 주고, 장에 나가면 예쁜 댕기를 사서 몰래 전달하곤 했지요.

그러자 주인아씨도 점차 마음을 열어 머슴을 좋아하게 되었어요.

하지만 그걸 안 주인어른은 노발대발 화를 냈어요.

"네 이놈! 오르지 못할 나무는 쳐다보지도 말라고 했거늘 감히 아씨를 꾀어내느냐?"

결국 머슴은 그 집에서 쫓겨나고 말았어요. 신분이 다른 머슴에게 주인아씨는 오르지 못할 나무였지요.

이처럼 자기 능력 밖의 일이나 사람에 대해 욕심을 낼 때 "오르지 못할 나무는 쳐다보지도 마라."라는 말을 썼답니다.

즉 무리한 목표나 욕심을 버리고 자신의 분수에 맞는 일을 하라는 뜻이어요.

하지만 아무리 오르지 못할 나무라도 열 번 백 번 노력하면 올라갈 수 있지 않을까요?

흑흑

내 사랑 아씨♥

그렇지만 이 세상에 안 되는 일은 없어요. 힘들어 보여도 용기를 내 부지런히 도전해 보세요.

081 우물 안 개구리

맑고 깊은 우물 속에 개구리들이 살고 있었어요.
어느 날, 참새가 바다에 다녀왔다며 자랑을 했어요.
"바다가 뭐니?"
개구리가 물었어요.
"파란 물이 끝없이 펼쳐져 있어.
마치 하늘처럼 넓어."
"에이, 하늘이 뭐가 넓어? 저렇게 조그맣고
동그란데."
개구리는 믿을 수 없었어요.
"그래, 참새는 거짓말쟁이야!"
다른 개구리들도 코웃음을 쳤어요.
단 한 번도 우물 밖을 나가보지 못했으니
그럴 수밖에요.
사람도 마찬가지예요. 좁은 세상에서만
살다 보면 '우물 안 개구리'처럼 자기가
제일인 줄 알아요.

보고 들은 게 없으니 남의 말을 있는 그대로 듣지 않아요. 그러고는 늘 제 생각이 옳다고 박박 우긴답니다.

'우물 안 개구리'가 되지 않으려면 어떻게 해야 할까요? 우물 밖으로 나와 넓고 넓은 세상을 구경하고 다양한 경험을 해야겠지요. 그러면 자기가 얼마나 좁은 세상에서 살았는지 깨닫게 될 테니까요.

✓ "대롱으로 하늘 보기", "장님 코끼리 만지는 격"과 같아요.

082 우물에 가 숭늉 찾는다

가마솥에다 밥을 하고 눌어붙은 부분은 노릇노릇 맛있는 누룽지가 돼요.
별다른 과자가 없던 시절, 누룽지는 아주 고소하고 맛있는 간식거리였어요. 게
다가 솥 바닥에 남은 누룽지에 물을 붓고 푹푹 끓이면 구수한 숭늉이 되고요.
밥을 먹고 난 후 숭늉 한 그릇을 마시면 더부룩했던 속이 그저 쑥 내려가지요.
　　　그런데 아무리 구수하고 맛있는 숭늉이지만, 우물에 가서 그걸
찾다니 정말 성격이 급한 사람이네요.
　　　불을 때서 밥을 하고, 뜸을 들이고, 느긋하게 기다려야만
마실 수 있는 숭늉인데 말이에요.

숭늉은 요즘 마시는 커피처럼 후딱 만들 수 있는 게 아니랍니다.
오랜 시간 느긋하게 기다려야만 얻을 수 있지요.
이처럼 모든 일에는 일이 되어 가는 과정이 있는데, 이걸 무시하고 성급하게 일
을 처리할 때 "우물에 가 숭늉 찾는다."라고 해요.

✔ "급하면 바늘허리에 실 매어 쓸까."와 같아요.

083 우물을 파도 한 우물을 파라

조그만 카페가 하나가 있어요.
"아휴, 왜 이렇게 손님이 없지? 옳지!"
가게 주인은 카페를 그만 두고 이번에는 빵집를 차렸어요.
그래도 손님이 없자 이번에는 디저트 가게를 차렸어요.
"어, 언제 또 바뀌었지?"
커피를 사러 온 사람은 고개를 갸우뚱했어요. 빵을 사러 온 사람도 고개를 갸우
뚱했어요. 그런데도 가게 주인은 장사가 안 된다며 여전히 투덜거려요.
장사가 안 될 때마다 업종을 바꾸니 손님이 올 리 없죠.
우물을 팔 때도 마찬가지랍니다.
우물 자리를 정했으면 한눈팔지 말고 열심히 우물만 파야 해요.
그런데 조금 파다가 물이 안 나온다고 자꾸만 자리를 옮겨 딴 데를 파면 어떻게
될까요?
시간은 시간대로 흐르고, 힘은 힘대로 들겠지요.

콸 콸 콸

그러니 우물을 팔 때는 물이 솟아나
올 때까지 진득하게 참고 한곳을 파야
해요. 그래야 맑고 시원한 우물물을 얻
을 수 있을 테니까요.
혹시 무슨 일을 할 때 이 우물, 저 우물을
파는 사람처럼 금방 싫증을 내거나 딴 데
눈을 돌리는 사람은 없나요?
그런 사람은 좋은 성과를 얻기 힘들답니다.

내 뜻대로 한 가지 일을 꾸준히 하는 것도
중요하지만, 주변의 정보나 조언도
무시하지 마세요.

야호!!
터졌다!

불끈

084 원님 덕에 나팔 분다

'원님'은 각 고을을 맡아 다스리던 벼슬아치예요.
'사또'와 같은 뜻이랍니다.
그런데 이 원님이 나들이를 할 때면 나팔을 부는 사람, 깃발을 든 사람, 창칼을
든 사람 등 많은 관리가 원님의 뒤를 따랐어요.
때때로 원님이 고을을 지나갈 때면 사람들이 진수성찬을 대접했어요. 떡이며
고기, 술 등 상다리가 부러질 정도로요. 그러다 보니 함께 따라간 이방이나 군졸
들도 모처럼 맛난 음식을 배불리 먹었지요.
이처럼 남의 덕에 분에 넘치는 호강을 누리는 걸 "원님 덕에 나팔 분다."라고
해요.

174

우리 반이 상을 받은 건 다 회장인 친구가 열심히 준비한 덕분인데, 옆에 있던 나는 얼떨결에 따라가서 함께 상을 받았어요. 이런 때가 바로 "원님 덕에 나팔 분." 날이겠지요?

➕ 호강을 누리는 걸 넘어 다른 사람의 높은 권력과 세력을 빌려 내가 욕심을 부리다가는 큰코다칠 수도 있어요.

085 입이 열 개라도 할 말이 없다

외국에 사는 삼촌이 아주 멋진 손목시계를 선물로 보내 주었어요.
정말 마음에 쏙 드는 시계였어요.
신나는 마음에 얼른 시계를 차고 밖으로 나갔지요. 친구들에게 자랑도 하고, 놀이터에서 놀기도 하고요. 학교 운동장 수돗가에서 물장난도 했어요.
그런데 집에 돌아와 보니 시계 유리가 깨져 있는 거예요. 깜짝 놀라 자세히 들여다보니 어딘가에 심하게 부딪쳤는지 시계판까지 상해 있었지요.
"너는 왜 그렇게 덤벙대니?"
울적한 마음으로 시계를 바라보고 있는데, 엄마가 한마디 하셨어요.
아이는 입이 열 개라도 할 말이 없었지요.
소중한 선물인 시계를 하루 만에 망가뜨렸으니 말이에요.
이처럼 아주 큰 잘못을 저질러 변명의 여지가 없을 때, "입이 열 개라도 할 말이 없다."라는 표현을 쓴답니다.

 "입이 광주리만 해도 말 못 한다."와 비슷해요.

086 자다가 봉창 두드린다

한 아이가 갑자기 엄마에게 물었어요.

"엄마, 언제 아빠랑 처음 만났어?"

"호호, 자다가 봉창 두드린다더니 갑자기 그건 왜 묻니?"

엄마는 빙그레 웃으며 되물었어요. 마치 아빠랑 처음 만나던 그날을 떠올리는 것처럼 말이에요.

"그럼 넌 네 짝꿍이랑 언제 결혼할 거니?"

"치, 누가 결혼한대!"

엄마가 뜬금없이 묻자 아이는 깜짝 놀라더니 부끄러워서 어쩔 줄 몰라 했어요.

이처럼 엉뚱하고 갑작스러운 행동이나 말을 하는 걸 "자다가 봉창 두드린다."라고 해요.

'봉창'은 벽에다 문틀을 달지 않고 낸 작은 문이에요. 여닫는 문이 아니라 빛이 들어오도록 안쪽에다 창호지를 발라서 막은 문이지요.

그런데 자다 말고 갑자기 누군가가 이 봉창을 두드리면 얼마나 놀라겠어요?

이렇듯 전혀 예상치 못한 상황이나 엉뚱한 행동을 할 때 쓰는 표현이랍니다.

✔ "아닌 밤중에 홍두깨"와 같아요. 밤중에 느닷없이 다듬이질을 할 때 쓰는 나무 방망이를 쑥 내밀면 놀랄 수밖에요.

087   재주는 곰이 넘고 돈은 주인이 받는다

서커스를 본 적이 있나요?

화려한 옷을 입은 사람들이 봉을 던지고, 그네를 타고, 높은 사다리나 줄에 올라가 아슬아슬한 묘기도 보여 주지요.

지금은 많이 사라졌지만, 예전 서커스에서는 동물들이 묘기를 부리기도 했답니다. 덩치가 커다란 곰이 나와서 공을 굴리거나 자전거를 타기도 했지요.

"하하, 재주가 좋구나!"

사람들은 박수를 치며 곰이 부리는 묘기를 즐기곤 했어요.

하지만 곰은 매우 속상할 거예요. 아무리 재주를 부려도 보상은커녕 서커스가 끝나면 우리 안에 갇히는 신세니까요. 곰 덕분에 서커스 단장의 돈주머니만 불룩해지는 거지요.

그래서 "재주는 곰이 넘고 돈은 주인이 받는다."라는 말이 생겼답니다.

힘들게 일하거나 노력한 사람이 아닌 다른 사람이 성과나 이익을 챙긴다는 뜻
이지요. 남 좋은 일만 한 경우를 빗대서 하는 말이에요.
우리 주변에도 이런 일이 있어요.
열심히 조별 과제를 준비했는데, 발표는 다른 친구가 맡아 마치 그 친구가 다 한
것처럼 보였어요. 선생님은 발표한 친구를 크게 칭찬해 주셨지요.
"치! 재주는 곰이 부리고 돈은 주인이 받는다더니……."
이렇게 속으로 중얼거리게 되는 거예요.

➕ 고생은 내가 했는데 다른 사람이 이득을 얻으면 참 속상하겠죠?

088 쥐구멍에도 볕 들 날이 있다

구석진 곳에 있는 쥐구멍에 햇볕이 드는 건 매우 드물고 어려운 일이에요.
하지만 어쩌다 해가 쨍쨍 날 때 쥐구멍에도 볕 드는 날이 있답니다. 좁고 어두운
곳에 따뜻한 기운이 들어오면 저절로 용기와 희망이 샘솟겠지요.
이렇듯 몹시 고생을 하거나 어려운 처지에 있는 사람을 격려할 때 "쥐구멍에도
볕 들 날이 있다."라는 말을 써요.

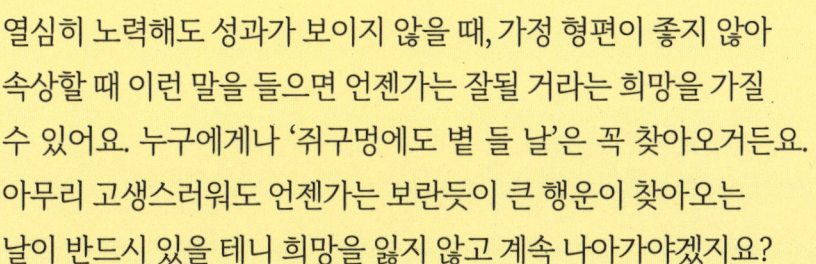

열심히 노력해도 성과가 보이지 않을 때, 가정 형편이 좋지 않아
속상할 때 이런 말을 들으면 언젠가는 잘될 거라는 희망을 가질
수 있어요. 누구에게나 '쥐구멍에도 볕 들 날'은 꼭 찾아오거든요.
아무리 고생스러워도 언젠가는 보란듯이 큰 행운이 찾아오는
날이 반드시 있을 테니 희망을 잃지 않고 계속 나아가야겠지요?

> ✅ **"음지가 양지 되고 양지가 음지 된다."**와 같아요.
> 힘든 처지에 있던 사람도 때가 되면 행운을 얻을 수 있고,
> 운이 좋았던 사람도 어려운 시기가 있다는 뜻이에요.

혹시
고양이가
죽었나?

089 지렁이도 밟으면 꿈틀한다

비가 온 후에는 땅 위를 꾸물꾸물 기어가는 지렁이를 흔히 볼 수 있어요.
어떤 아이는 "으악, 징그러워!" 하며 도망가고요, 또 어떤 아이는 "땅으로 돌아
가렴!" 하고 풀밭에 놓아주기도 해요.
그런데 이렇게 작은 지렁이도 밟으면 꿈틀한다는 게 무슨 뜻일까요?
힘이 없고 약한 사람이나 아무리 순하고 좋은 사람이라도 너무 깔보면 버럭 화
를 낸다는 뜻이에요.
친구들 중에 너무 순해 웬만해선 화를 안 내는 사람이 있지요?
뒤에서 장난을 쳐도 그만, 물건을 빌려 가도 그만, 먹을 걸 빼앗아 먹어도 그만,
그저 빙그레 웃기만 해요.
하지만 누군가가 세게 때리거나 심한 말을 하며 놀려 대면 어떨까요?
처음에는 꾹꾹 참겠지만 자꾸 놀려 대면 버럭 화를 내며
달려들 거예요.
누구에게나 지키고 싶은 자존심이 있으니까요.

> ✅ "굼벵이도 밟으면 꿈틀한다."와 같아요.
> ➕ 친구를 놀리거나 친구에게 장난치기 전에 그걸 당하는 사람이
>   '나'라면 어떨지 먼저 생각해 보세요.

090 짚신도 제쯔짝이 있다

유치원에서 소풍을 갔어요.
아이들이 둘씩 짝을 지어 손잡고 걸어갔지요. 함께 달리기도 하고, 게임도 같이
했어요. 그런데 짝이 없어서 선생님이랑 짝꿍이 된 아이가 있어요.
"헤헤, 짚신도 제짝이 있다는데!"
아이들이 마구 놀려 댔지요.

볏짚을 엮어 만든 짚신은 일일이 손으로 만들다 보니 크기가 제각각이었어요. 그런데 놓고 보면 우연히 딱 맞는 짝이 있기 마련이었답니다.
이렇게 짚신도 제 짝이 있듯 사람은 누구나 어울리는 짝이 있어요. 나와 아주 잘 맞는 친구일 때도 있고, 사랑하는 사람일 때도 있지요. 그러니 지금 내 짝이 없더라도 걱정하지 마세요. 언젠간 짠하고 나타날 테니까요.

✅ "헌 고리도 짝이 있다."와 같아요.

끄응

내 짝은 어디에….

휘잉

091 참새가 방앗간을 그저 지나랴

참새가 제일 좋아하는 건 역시 곡식의 낱알이에요.
그래서 날마다 방앗간에 가곤 하지요.
방앗간은 벼나 보리 등 곡식을 찧어 껍질을 벗기는 곳이에요.
곡식을 찧을 때면 낱알이 사방으로 튀며 참새들이
근처에서 기다렸다가 콕콕 쪼아 먹고는 했지요.
"훠이훠이!"
주인이 아무리 쫓아도 소용없어요.
후르르 도망갔다가 어느새 또다시 날아오곤 해요.
낱알만큼 맛있는 먹이도 없으니까요.

얘들아,
방앗간이야!!

마치 군것질 좋아하는 아이
가 편의점 앞을 그냥 지나치지
못하는 것과 똑같아요.
참새가 방앗간을 좋아하듯 사람은 누구나 자
기가 좋아하는 장소나 일이 있기 마련이어요. 혹은 자신에
게 이득이 되는 일이 있으면 그냥 지나치기가 어렵지요.
무료로 음식을 나눠 주거나 경품 추첨을 하는 경우에도 그
래요.
하지만 아무리 좋은 곳도 지나치게 자주 가면 오히려 해가 될
때가 있어요. 망을 보고 있던 방앗간 주인한테 잡혀 오도 가도 못하게 된 참새처
럼 말이에요.

➕ 혹시 참새처럼 좋아하는 곳이 있나요? 이왕이면 서점만 보면
그냥 지나치지 못하는 사람이 되는 건 어때요?

092 천 길 물속은 알아도 한 길 사람 속은 모른다

'길'은 길이의 단위를 말해요. 보통 '한 길'은 사람의 키 정도랍니다.

"천 길 물속은 알아도 한 길 사람 속은 모른다."라는 말은 이처럼 깊은 물속보다 사람의 마음을 아는 것이 더 어렵다는 뜻이에요.

나와 가장 친하다던 친구가 다른 친구랑 다정하게 이야기하는 모습을 보면 그 말이 진심인지 아닌지 헷갈려요. 평소에 나를 잘 도와주던 친구가 뒤에서는 내 험담을 했다는 소문을 들으면, 도대체 어떤 마음으로 그랬는지 알 수 없어 속상할 때도 있지요.

이렇게 아무리 가깝고 친한 친구 사이에도 속마음이 겉으로는 드러나지 않으니 친구의 마음을 속속들이 알 수는 없답니다.

즉, "천 길 물속은 알아도 한 길 사람 속은 모른다"는 말은 사람의 마음은 물속보다 훨씬 깊고 복잡해서 잘 알 수 없다는 뜻이어요. 혹은 믿었던 사람에게 크게 배신을 당하거나 속았을 때도 이 말을 쓰곤 한답니다.

➕ 다른 사람의 속마음을 알고 싶으면 먼저 자신의 속마음을 보여 줘야 해요.

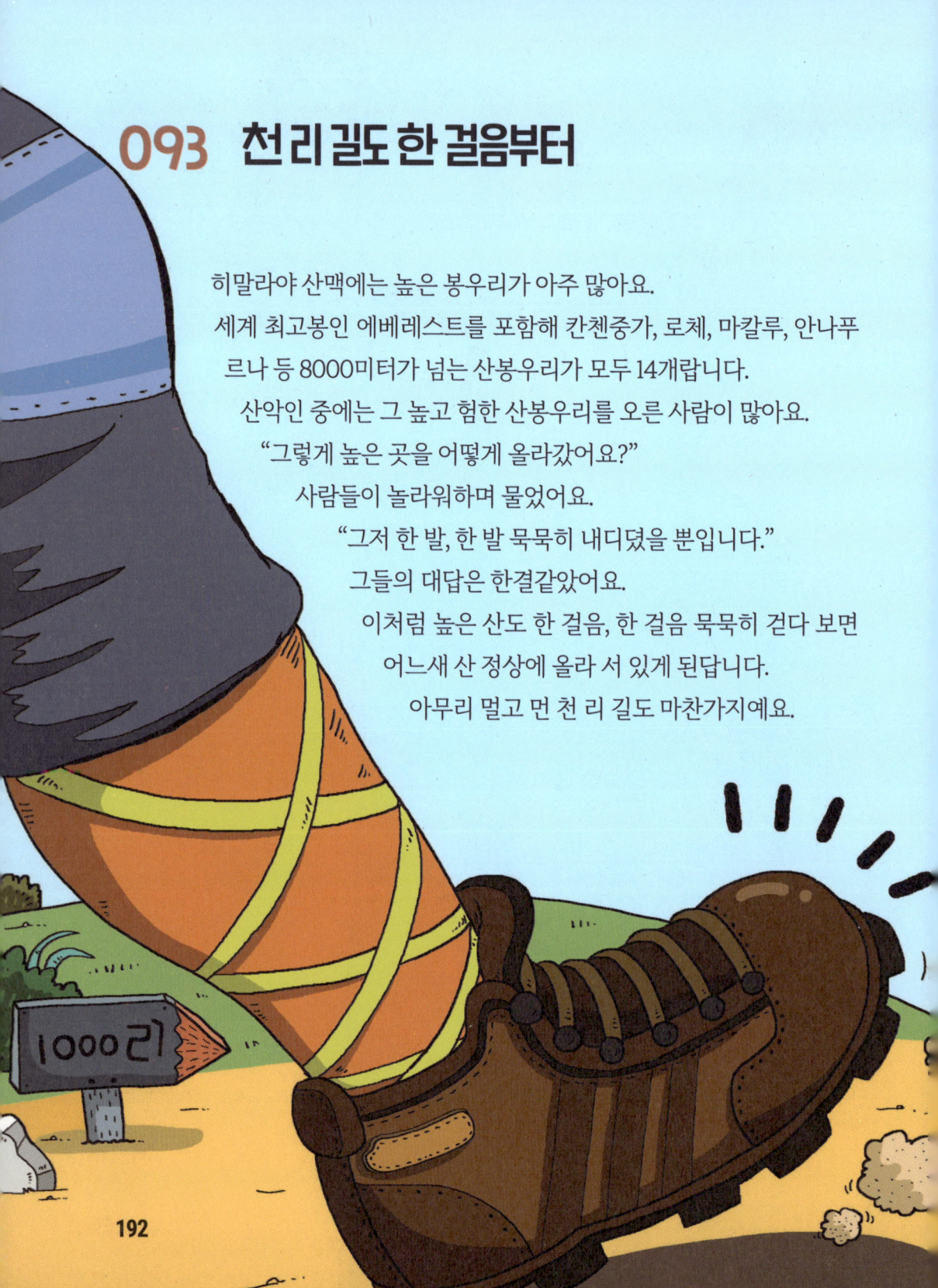

093 천 리 길도 한 걸음부터

히말라야 산맥에는 높은 봉우리가 아주 많아요.

세계 최고봉인 에베레스트를 포함해 칸첸중가, 로체, 마칼루, 안나푸르나 등 8000미터가 넘는 산봉우리가 모두 14개랍니다.

산악인 중에는 그 높고 험한 산봉우리를 오른 사람이 많아요.

"그렇게 높은 곳을 어떻게 올라갔어요?"

사람들이 놀라워하며 물었어요.

"그저 한 발, 한 발 묵묵히 내디뎠을 뿐입니다."

그들의 대답은 한결같았어요.

이처럼 높은 산도 한 걸음, 한 걸음 묵묵히 걷다 보면 어느새 산 정상에 올라 서 있게 된답니다.

아무리 멀고 먼 천 리 길도 마찬가지예요.

IOOO 리

그만큼 무슨 일이든지 첫 시작이 중요하다는 뜻이지요.
혹시 여러분에게 히말라야 산맥에 있는 높은 산처럼 높이
올라가야 할 목표가 있나요?
그럼 시작도 하기 전에 지레 겁먹지 말고, "천 리 길도
한 걸음부터"라는 말처럼 한 발, 한 발 씩씩하게
올라가 보세요.
어느 틈에 꼭대기에 올라가 "야호!" 소리를
지르게 될 테니까요.

✓ "시작이 반이다."와 비슷해요.
➕ 우물쭈물 망설이다가 시간을 다 허비하고
    말지도 몰라요. 일단 시작부터 해 보세요.

094 콩 심은 데 콩 나고 팥 심은 데 팥 난다

혹시 텃밭에 방울토마토나 고추 같은 걸 심어 본 적이 있나요?

만약 고추를 심었는데 오이가 열리거나, 콩을 심었는데 딸기가 열린다면 어떨까요? 정말 당황스럽고 곤란하겠지요.

하지만 그런 일은 결코 일어나지 않아요. 오이 덩굴에서 오이가 나고, 배나무에서 배가 열리고, 사과나무에서 사과가 열리고, 콩 심은 데서 콩 나오고, 팥 심은 데서 팥 나오는 거랍니다.

"콩 심은 데 콩 나고 팥 심은 데 팥 난다."라는 속담은 이렇듯 모든 일이 원인에 따라 결과가 나타난다는 거지요.

그러니 무엇인가를 얻고 싶은 게 있으면 제대로 된 씨앗을 심어야 해요.

피아니스트가 되고 싶다면 열심히 피아노 연습을 해야지, 날마다 그림만 그리면 안 되는 것처럼요.

모든 일은 내가 무얼 심었느냐에 따라 그 결과가 달라진답니다.

194

"오이 덩굴에 오이 열리고 가지 나무에 가지 열린다.", "대나무에서 대 난다."와 같아요.

195

095 티끌 모아 태산

'티끌'은 먼지처럼 아주 작은 부스러기를 뜻해요.
'태산'은 중국에 있는 아주 높고 큰 산이지요.
해발 1,535m의 웅장한 모습으로 중국 사람이라면 누구나
한번쯤 꼭 가 보고 싶어 하는 명산이라고 해요.
그런데 이처럼 작은 티끌이 모여 태산을 이룬다니 그게 가능할까요?
"티끌 모아 태산"이라는 말은 티끌처럼 아주 작은 것이라도
쌓이고 또 쌓이면 태산처럼 큰 성취를 이룰 수 있다는 의미예요.
돼지 저금통에 용돈을 모았더니 어느새 큰돈이 된 것처럼요.
어려운 사람들을 위해 한 푼, 두 푼 낸 성금이 어마어마한 목돈이
되는 것도 그렇고요.
그럴 때마다 '작은 것이 크다.'라는 사실을 새삼 깨닫는답니다.
그러니까 길에 떨어진 동전 한 개라도 우습게 여기면
안 되겠지요?

학교에서 5분, 10분 자투리 시간을 이용해서 날마다 책을 읽는 것도 좋고요. 하루에 한 번씩 집 앞이나 공원에서 운동 삼아 산책을 하는 것도 좋아요. 한 푼, 두 푼, 1분, 2분 그리고 하루, 이틀이 모이고 모여 이보다 큰 것을 얻게 해 주니까요.

✓ "낙숫물이 댓돌을 뚫는다."와 같아요.

096 평안 감사도 저 싫으면 그만이다

영어 공부 하는 걸 유난히 싫어하는 아이가 있어요.
학교 공부도 제대로 안 하고, 학원 다니는 것도 너무 싫어서 알파벳도 아직 제대로 몰라요.
"이번 여름에는 미국에 있는 이모 집에 가서 지내다가 오자, 응?"
영어 실력을 늘리기 딱 좋은 기회를 찾은 엄마, 아빠가 아이를 설득했지요.
하지만 아이는 언제나 고개를 절레절레 흔들었어요.

"아이고, 평안 감사도 저 싫으면 그만이라더니!"
하다 하다 결국 엄마, 아빠는 손을 들고 말았어요.
평안 감사는 조선시대 평안도를 관리하던 자리로 아주 좋은 벼슬자리였어요.
전국 팔도 중에서 가장 경치 좋고, 중국과 가까워 무역도 많이 해서 백성들이 잘
사는 고을이었어요. 그러니 너도나도 평안 감사가 되고 싶어 했지요.
그런데 이 좋은 벼슬자리를 줘도 싫다는 사람이 있으니 답답하기 짝이 없는 노
릇이지요.
오죽하면 "평안 감사도 저 싫으면 그만이다."라는 말이 나왔을까요?
이처럼 아무리 좋은 것이라도 억지로 시킬 수가 없다는 뜻이에요.

✓ "돈피에 잣죽도 저 싫으면 그만이다."와 같아요.
고급 모피인 담비 털가죽과 잣죽처럼 귀한 것도
싫다 하면 어쩔 수 없다는 뜻이지요.

097 하룻강아지 범 무서운 줄 모른다

'하룻강아지'는 대체 어떤 강아지일까요?

이때 '하룻'은 하루가 아니랍니다.

옛날 어른들은 소, 말, 개 등 짐승의 나이를 셀 때 하릅, 이듭, 사릅, 나릅, 다습, 여습……이라고 세었대요.

'하룻강아지'는 바로 한 살 된 강아지 '하릅강아지'에서 나온 말이에요. 그런데 이 하룻강아지가 범을 보고는 무서운 줄도 모르고 덤비다니요!

나이가 어려 철모르고 함부로 덤비는 사람을 보고

"하룻강아지 범 무서운 줄 모른다."라는 말을 하지요.

아는 것도 없고, 경험도 없으면서 자기보다 나이 많은 사람에게 박박 대드는
어린 사람을 놀릴 때 쓰는 말이에요.

➕ 아무한테나 하룻강아지처럼 함부로 덤비다가는 건방지다는 소리를 들을 수 있어요.

098 호랑이에게 물려 가도
정신만 차리면 산다

우리나라는 아주 산이 높고 골짜기가 깊어요.

그래서 옛날에 산길을 가다가 호랑이한테 물려 간 사람이 한둘이 아니었어요.

하지만 그 무서운 호랑이한테 물려 가도 살아난 사람들이 있어요.

불에 달군 돌멩이를 떡이라고 속이고, 물고기를 잡게 해 준다며 호랑이 꼬리를 연못에 집어넣어 꽁꽁 얼리고, 호랑이를 보고 형님이라며 넙죽 절을 한 거지요.

이 이야기들은 모두 전래 동화에 나오는 거예요.

어리석은 호랑이가 제 꾀에 넘어가는 걸 보면 저절로 웃음이 나요.

그래서 "호랑이에게 물려 가도 정신만 차리면 산다."라는 말이 나온 거랍니다.

사실 요즈음에도 호랑이처럼 무서운 일을 당할 때가 있어요.

갑자기 길을 잃어버렸을 때, 놀이동산에서 엄마, 아빠를 잃어버렸을 때, 낯선 사람이 자꾸 따라올 때……. 이럴 때 호랑이한테 물려 가도 살아난 사람처럼 정신을 바짝 차리면 방법을 찾을 수 있어요.

✅ "하늘이 무너져도 솟아날 구멍이 있다."와 같아요.

➕ 아무리 힘든 일이 닥쳐도 희망을 잃지 마세요.
　　어떤 일도 해결할 수 있는 방법은 항상 있으니까요.

203

099 호미로 막을 것을 가래로 막는다

가랑비가 내리자 베란다가 축축하게 젖었어요.
아무래도 창문틀에서 물이 새는 모양이에요.
"에이, 저 정도쯤이야, 뭐."
집주인은 그저 대수롭지 않게 여겼어요.
그런데 어쩌면 좋아요? 며칠 후, 폭우가 쏟아지기 시작했어요.
비는 사흘 쉬지 않고 내렸지요. 창문틀에서는 구멍이 뚫린 것처럼 비가 줄줄 샜
어요. 베란다에 쌓아둔 살림살이가 온통 젖어서 쓸 수 없게 되었어요.
"애고, 하늘도 무심하지. 호미로 막을 걸 가래로 막게 생겼네!"
집주인은 그저 하늘만 쳐다보며 원망했어요.
'호미'는 잡풀을 뽑거나 감자 등을 캘 때 쓰는 작은 연장이지만, '가래'는 흙을 파
거나 떠내는 데 쓰는 큰 연장이에요. 호미처럼 작은 걸로도 충분히 막을 수 있는
걸 괜히 우물쭈물하다가 가래로도 못 막게 생겼으니 어쩌면 좋아요.

"호미로 막을 것을 가래로 막는다."라는 말은 미리 처리했으면 쉽게 해결될 일을 게으름 피우다 나중에 더 큰 힘을 들이게 된 경우를 가리켜 쓰는 말이에요.

➕ 해야 할 일이 있으면 미루지 말고 후딱후딱 해치워야 해요.

205

100 황소 뒷걸음치다가 쥐 잡는다

황소는 우직하게 생겼어요.

몸집도 크고 다리도 아주 퉁퉁해요. 그러니 쇠발굽도 무지무지하게 크지요.

이런 황소가 어느 날 무심코 뒷걸음질을 치다가 쥐를 밟고 말았어요. 쥐덫을 놓고 날쌘 고양이를 키워도 잡을까 말까 한 골칫덩이 쥐를 말이에요.

이처럼 우연히 큰 공을 세우거나, 어리석은 사람이 미련한 행동을 하다가 뜻밖에 좋은 성과를 얻었을 때 "황소 뒷걸음치다가 쥐 잡는다."라고 말해요.

한 아이가 놀이공원에 갔다가 다트 게임을 했어요. 그런데 세상에, 처음 해 본 게임인데 제일 좋은 경품을 땄지 뭐예요. 아이는 눈이 휘둥그레졌어요.

"하하, 황소 뒷걸음치다가 쥐 잡는다더니. 제일 큰 곰 인형을 땄네!"

엄마, 아빠도 싱글벙글 웃었어요.

살다 보면 가끔 이렇게 황소가 뒷걸음치다 쥐를 잡은 것처럼
기분 좋은 일이 생길 때가 있답니다.

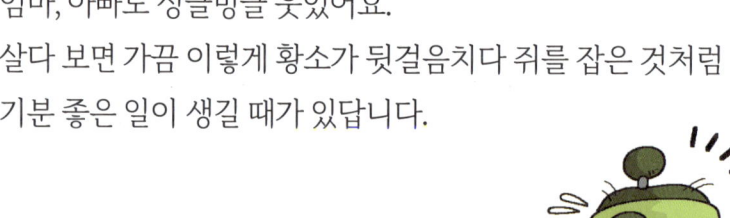

✅ "봉사 문고리 잡기"와 비슷해요. 눈먼 장애인이 어쩌다가 문고리를 잡았다는 뜻이에요.

207

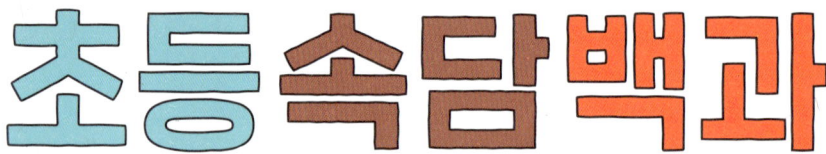

초등 속담백과

1판 1쇄 2025년 11월 15일

글 이규희
그림 이예휘

발행인 김진용
발행처 (주)삼성출판사
등록 제1-276호
주소 서울시 서초구 명달로 94
문의 080-470-3000
홈페이지 www.mylittletiger.co.kr

ⓒ삼성출판사 2025
Printed in Korea

ISBN 978-89-15-12250-5(73700)